지마리아

지마리아 전 서울대 총장 부인의 가족사로 보는 해방 전후사

초판 1쇄 발행 2011년 9월 24일

저 자 | 박훈탁
발행인 | 윤관백
발행처 | 선인

편 집 | 이경남 · 김민희 · 하초롱 · 소성순
표 지 | 김현진
제 작 | 김지학
영 업 | 이주하

인 쇄 | 대덕인쇄
제 본 | 바다제책

등록 | 제5-77호(1998.11.4)
주소 | 서울시 마포구 마포동 324-1 곶마루 B/D 1층
전화 | 02)718-6252 / 6257   팩스 | 02)718-6253
E-mail | sunin72@chol.com
Homepage | www.suninbook.com

정가 12,000원
ISBN 978-89-5933-477-3 03800

· 잘못된 책은 바꿔 드립니다.

지마리아

전 서울대 총장 부인의 가족사로 보는 해방 전후사

박 훈 탁

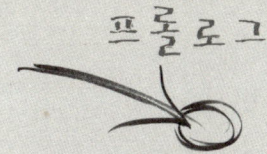

프롤로그

　이 책은 일본제국주의 시대에 항일극작활동을 하신 필자의 외조부와 1980년대 중반에 서울대 총장을 지내신 필자의 아버지와 어머니의 일관된 진술을 관련된 논문과 신문기사로 확인하고 관련된 인물들의 증언과 함께 엮은 이야기입니다. 독자의 혼란을 막기 위해 이 책에서 화자話者, 즉 말하는 사람은 필자가 아니라 1935년 여름 경남 양산의 7천 석꾼 집안에 8개월 조산아로 태어난 필자의 어머니(지정수 마리아)임을 미리 말씀드립니다.

　이 책은 역사적 사실과 실존 인물을 다루고 있으나 놀랍고 신비로운 사건으로 가득 채워져 있습니다. 이 책에는 복선이 깔려 있습니다. 그런데 그것은 방대한 이야기를 정리하면서 그야말로 우연찮게 이뤄진 결과일 뿐입니다. 그것은 결코 의도된 것이 아닙니다. 필자는 그런 것을 의도적으로 만들어낼 정도로 용의주도하지 못합니다.

필자는 겨우 말귀를 알아들을 나이가 되었을 무렵부터 외조부와 어머니의 외갓집 이야기를 끊임없이 들어야 했습니다. 필자는 초등학교 다닐 때 한동안 외조부와 한 방을 사용했는데, 그 작은 방은 항상 외조부께서 내뿜은 담배연기와 외갓집 이야기로 가득했습니다. 외조부의 이야기를 듣느라고 밤잠을 설치기도 했고 듣다가 잠이 들기도 했습니다.

필자는 아주 어려서부터 외갓집 이야기를 귀에 못이 박힐 정도로 들었지만 그것을 체계적으로 정리할 수 있게 된 것은 최근의 일입니다. 외조부의 이야기는 등장인물이 굉장히 많고 복잡했을 뿐만 아니라 사실인 것 같지도 않았습니다. 그것들은 나의 작은 가슴에 담아내기에는 너무나 웅혼하고 장대했고 그리고 무엇보다도 분통 터지는 것이었습니다. 만일 그때 필자가 외조부의 이야기를 전부 사실이라고 믿었더라면 나의 작은 가슴이 다 터져버려 산산조각이 났을 것입니다. 그래서 필자는 외조부의 이야기를 거짓 또는 과장일 것이라고 믿어버렸습니다.

그런데 외조부께서 80세의 일기로 돌아가신 1991년 12월에 외조부의 증언이 대거 수록된 정치학 석사논문이 출간된 사실을 알게 되면서 뒤늦게나마 외조부의 이야기를 전체적으로 되돌아보게 되었습니다. 그 석사논문의 저자가 외조부의 증언이 대부분 공식문서와 다른 중요한 인사들의 증언과 일치한다는 것을 확인시켜 주었습니다. 외조부께서 돌아가시기 몇 년 전부터 이어진 일련의 극적이고 신비로운 변화 또한 필자가 외조부의 삶 전체를 재조명하는 계기가 되었습니다.

필자가 보기에도 외조부는 그다지 존경할 만한 인물은 아니었습니다. 가족을 부양하지도 않았고 정직했던 것 같지도 않은 철저한 무신론자였습니다. 그것이 외조부의 이야기에 믿음이 가지 않았던 이유들 중에 하나였던 것도 틀림없습니다. 그런데 외조부의 사망 전에 있었던 지학순 주교님과의 친교와 외조부의 사망 전후에 있었던 일련의 사건에 관한 어머니의 말씀은 뜻밖이었고 신비로웠습니다. 그것이 필자로 하여금 외조부의 삶을 새롭게 조명케 한 결정적 계기였습니다.

　이 책은 필자의 외갓집 사람들의 삶을 구체적으로 진솔하게 써내려감으로써 해방 전후의 항일투쟁과 풍속과 시대상을 사실 그대로 그려냈습니다. 이를 통해 발굴된 해방 전후에 관한 풍부한 1차적 사료史料들이 해방 전후사의 빈 공간을 메우는 데 상당한 기여를 할 것입니다. 특히 필자의 외조부와 외갓집 여인들의 정의로움과 자비로움에 관한 눈물겨운 이야기는 해방 전후에 관한 이해를 풍요롭게 해줄 뿐만 아니라 각박하고 이기적인 오늘의 현실을 살아가는 우리들에게 따뜻한 위로를 안겨줄 것입니다.

　이 책은 항일투쟁사를 재조명합니다. 헌법 전문은 대한국민이 임시정부의 법통을 계승한다고 명시합니다. 여기에는 임시정부가 경향京鄉 각지의 크고 작은 지주들이 보낸 비밀자금으로 설립되고 운영된 사실을 영원히 기억하자는 뜻이 깃들어 있습니다. 왜정 때 수많은 지주들이 부일 또는 친일하는 척하면서도 다른 한편으로 극비리에 임시정부를 도왔습니다. 보안 때문에 그러한 사실을 기록으로 남길 수 없었습니다. 그래서 사회주의 좌익세력만 독립운동을 한 것으로 알려진 것입니다. 필자는 왜정 때 이십여 년에 걸쳐서 상해임시정부에 거액의 비밀자금을 보낸 필자의 외갓집을 소개하려고 합니다. 그러나 외갓집 사람들을 미화할 생각은 없습니다. 장렬한 항일운동을 전개했으나 인간적 한계를 극복하지 못한 몇몇 외갓집 사람들에 관해서도 상세하게 기록할 것입니다.

이 책은 이승만 대통령의 업적을 부분적으로나마 재조명합니다. 세계적으로 유래를 찾을 수 없는 성공사례인 이승만 대통령의 농지개혁이 있었기 때문에 자율성(autonomy)을 가진 발전국가(developmental state)가 발생했고 자본축적이 가능했습니다. 그래서 박정희 대통령의 근대화가 성공할 수 있었던 것입니다. 필자의 7천석꾼 외가는 이승만 대통령의 농지개혁으로 상당한 자본을 형성했고 이것으로 1천 수백여 명의 임직원과 200억 환이 넘는 자산을 보유한 부산의 일류一流 대한도기주식회사를 일궈냈습니다.

이 책은 박정희 대통령을 재조명합니다. 대한도기주식회사가 4·19 이후 윤보선 대통령의 동서에게로 넘어갔습니다. 5·16은 부패무능하고 패역悖逆한 민주당 정권을 무너뜨려 4·19의 한계를 극복한 역사의 필연입니다. 박정희 대통령은 담대하고 상상력이 풍부한 분이셨습니다. 카터 대통령의 주한미군 철수를 무산시킨 것은 박정희 대통령의 소련 밀사계획(1977.2~1977.3)이었습니다. 주한미군 철수는 1976년 11월 대통령 선거에서 당선된 카터의 대선공약이었습니다. 그런데 카터는 1978년 11월 미군 철수를 중단했고 한미연합사령부를 만들었고 1979년 6월 한국을 방문하면서 주한미군 철수 백지화를 선언했습니다. 대선공약을 저버린 카터는 재선에 실패했습니다. 끝으로 이 책은 간략하게나마 나라를 패망으로 몰아가는 기득권층의 패역을 조명합니다.

이 책의 화자話者, 즉 말하는 사람은 필자가 아니라 필자의 어머니 지정수 마리아임을 다시 말씀드립니다. 이야기 전개의 편의를 위해 등장인물에 대한 경칭을 생략한 경우가 있습니다.

2011년 9월
박 훈 탁

목차

프롤로그 / 5

1. 왜정 때 7천석꾼 집안의 8개월 조산아를 살려낸 나의 할머니
   ·· 12

2. 상해임시정부에 상당한 재산을 보낸 백부와 의춘상행宜春商行
   ·· 26

3. 아버지 암살미수사건
   ·· 43

4. 이승만 대통령이 아버지께 보낸 양산의 초대 교육감 사령장
   ·· 57

5. 내 나이 12~13살에 찾아온 어머니의 죽음과 나를 지켜준
   사촌 오빠들의 죽음
   ·· 72

6. 나를 지켜주신 고모님들과 불행해진 큰집 사람들
   ·· 96

7. 양반 출신 서울대 교수와의 혼인
   ·· 109

8. 윤보선 대통령의 동서에게로 넘어간 부산의 일류一流 대한도기주식회사
   ·· 121

Contents

9. 3·4대 국회의원 백부의 첩 평양댁과 사촌동생 화룡의 불행
   137

10. 아버지 소유로 드러난 기장군 임야 24만 정보(약 7억 2천6백만여 평)
    145

11. 남편의 하버드행과 할머니와 말봉 고모님의 극적인 죽음
    149

12. 카터 대통령의 미군 철수를 무산시킨 박정희 대통령의 소련밀사계획
    162

13. 남편이 서울대학교 총장이 된 사연과 업적
    178

14. 20여 년 만에 만난 지학순 주교님께서 지어주신 아버지의 본명 돈보스코
    189

15. 남편의 총선 출마배경과 황당한 봉변
    200

16. 미리내 천주교 성지에서
    207

에필로그 / 210

1. 왜정 때 7천석꾼 집안의 8개월 조산아를 살려낸 나의 할머니

나는 일본 제국주의가 욱일승천旭日昇天하던 1935년 8월 14일(음력 7월 16일) 8개월여 만에 태어났다. 그때는 조산아로 태어나면 그냥 죽는 것이 보통이었다. 그러나 나는 할머니의 극진한 보살핌과 친정의 어마어마한 재력 덕분에 살아날 수 있었다.

고향사람들은 나의 친정을 7천석꾼이라고 불렀다. "디지털양산문화대전"이란 곳에서는 내 백부가 800여 두락(약 50ha) 이상의 농지를 소유했다고 전한다.[1] 그런데 그것은 백부가 왜정 때 이십여 년에 걸쳐 상해임시정부에 보낸 상당한 재산을 제외한 나머지 중에서도 극히 일부에 불과하다. 그 밖에도 나의 친정은 동래 온천탕권 1번, 동래여고 근처의 드넓은 매화밭, 동래 원예고등학교 근처의 대규모 정종술도가, 그리고 기장군 일대의 임야 24만 정보(약 7억 2천6백만여 평)를 비롯하여 그 규모의 정확한 추정이 불가능한 어마어마한 재산을 소유했다. 고향사람들은 7천석 재산을 일궈내신 할아버지를 지의관池議官이라고 불

---

[1] 1ha는 약 1정보이고 1정보는 약 3,025평이다.

1. 왜정 때 7천석꾼 집안의 8개월 조산아를 살려낸 나의 할머니

렀다. 의관은 조선시대 말기 중추원中樞院 관직이었는데 할아버지께서 실제로 그런 관직을 지내셨는지는 잘 모르겠다. 아무튼 양산사람들이 7천석꾼 할아버지를 지의관이라고 불렀고, 양산의 만석꾼 김주완을 김의관이라고 불렀다.

나의 친정 양산 북부동 362번지에는 저택 두 채가 나란히 붙어 있었다. 위채의 대지는 700평 정도였고 아래채는 600평 남짓 되었다. 위채와 아래채 사이에 공동으로 사용하는 우물, 방앗간, 곳간, 정원 그리고 채소를 심어먹는 넓은 채전밭이 있었다. 왜정 때 북부동 친정집 마당 1천5백여 평에 일본인소학교가 지어졌다. 지금은 그 자리에 예식장이 들어서 있다. 그러나 그것이 친정이 친일을 했다는 증거가 될 수는 없다. 그것은 친정의 치열하고 지속적인 항일투쟁을 숨기기 위한 값비싼 방편일 뿐이었다.

할머니께서는 위채에서 우리 가족과 함께 사셨다. 우리 가족은 아버지와 어머니 그리고 나와 남동생 이렇게 네 명뿐이었는데 처음부터 우리가 위채에서 할머니와 함께 산 것은 아니다. 아버지께서 어머니와 결혼하시고 중부동 160번지 집으로 분가하셨는데 할아버지께서 돌아가신 후 할머니께서 아버지를 위채로 불러들이셨고 그래서 우리 가족이 할머니와 함께 살게 된 것이다. 그래서 나는 아주 어릴 적부터 할머니와 함께 살았다. 위채와 아래채 사이에 중문이 있어 오갈 수 있었는데 할머니께서 아래채로 내려가시는 경우는 드물었다.

아버지께서 신혼살림을 시작하신 중부동 160번지의 바로 뒷집은 상해임시정부의 재정차장을 지낸 애국지사 윤현진 선생의 집이다. 선생은 소토리에서 출생하셨으나 중부동 그 집에서 오래 사셨고 그래서 아버지와 친분이 두터우셨다. 할머니께서 중부동 160번지의 바로 앞집을 엄기장네라고 부르셨는데 그곳은 할아버지의 외가다. 기장은 이름이 아니라 어떠한 직책인 것으로 보인다. 기장은 장부에 기록하는 사람, 다시 말해서 서기라는 뜻이다.

할아버지께서는 기골이 장대하셨다는 말을 자주 들었다. 왜정 때에 총독부가 양산 동면 할아버지 무덤 근처에 굉장히 큰 저수지를 팠다. 그때부터 풍수쟁이들은 그것이 할아버지 무덤에 물이 들게 하려는 수작이라고 떠들어댔다. 몇 년 전에 할아버지 묘 근처에 공단이 들어서는 바람에 이장을 하게 되었다. 실제로 할아버지 무덤 속이 썩은 물로 가득 차 있었다. 그래도 남아 있는 할아버지 유골의 양이 보통 사람의 거의 두 배였다.

할아버지는 연세가 할머니보다 무려 스물네 살이나 많으셨다. 할머니의 친정인 영월 엄씨 집안도 재산의 정확한 규모를 추정할 수 없을 정도로 어마어마한 부자였다. 그런데 할머니께서는 술장사를 할 팔자를 타고나셨다. 그래서 할머니 친정이 액땜을 한다면서 일부러 나이 많고 심지어 상처까지 한 할아버지를 사윗감으로 택했다. 할머니께서는 키가 크셨고 얼굴도 지나던 사람들이 뒤돌아볼 정도로 예쁘셨다.

할머니의 친정은 왕실과 어떤 관계가 있었던 것 같았다. 아주 어렸을 때 할머니로부터 대한제국의 마지막 황태자이신 영[친]왕의 생모 엄상궁께서 동래의 할머니 친정에 잠깐 피신하셨다고 들었다. 그래서 할머니의 친정이 왕실과 어떤 관계가 있지 않았나 짐작을 한 것이다. 그때 할머니께서 엄상궁의 일행으로부터 서울의 궁에서 먹는 소고기 찌개 끓이는 법을 배웠고 내게도 그것을 가르쳐주셨다. 고종황제께서 돌아가셨을 때 할머니께서 직접 서울에 가셔서 장례식에 참석하셨다고 말씀하셨다. 그때 인산인해人山人海라는 말이 실감났다고 하셨다.

할머니께서는 친정이 하도상납을 했다고 하셨는데 하도상납은 영남 지방에서 나오는 세곡과 특산품들을 임금이 계시는 서울의 궁으로 가져가는 것이다. 나의 이야기를 바탕으로 이 책을 집필한 내 아들은 할머니의 친정이 동래를 근거로 전국은 물론 중국과 일본을 상대로 무역을 한 래상萊商이라는 상단이었을지도 모른다고 조심스럽게 추론한다. "최근 경제학자들이 시계열회귀분석(time-series regression analyses)을 통해 19세기 조선의 해강부에 미곡의 가격수렴(price-convergence)이 발생한 사실을 확인했습니다.[2] 19세기 조선에도 시장경제(market economy)가 존재한 것입니다. 그때 전국의 장시에 상품을 이동시켜서 이윤을 추구하는 상인집단이 있었습니다. 경기지방의 경상京商, 개성의 송상松商, 압록강 변의 만상灣商, 그리고 동래의 래상이 바로 그들입니다."

하도상납을 하면서 서울을 드나들던 할머니의 친정 오빠들은 교육열이 높았고 자식들에게 고등교육을 시켰다. 친정의 교육열에 자극을 받으신 할머니께서 학교에서 1등을 도맡아 하신 둘째 딸 금봉 고모님

---

[2] 이영훈 편, 『수량경제사로 다시 본 조선후기』, 서울대학교 출판부, 2004.

을 오빠들의 도움으로 서울의 정신여고에 입학시키셨다. 할아버지께서 불같이 화를 내셨다. "당장 금봉을 데려다 놓으시오!" 며칠 후 할머니께서 할아버지께 말씀하셨다. "큰일 났습니다. 정신여고라는 곳은 들어가기는 쉬운데 나오기가 굉장히 어렵답니다." 결국 금봉 고모님께서는 정신여고에서 동래일신(동래여고 전신)으로 전학해서 졸업하셨으나 금봉 고모님 덕분에 아버지께서는 중앙고보를 나와 일본대학교 문학부에 유학하셨고 할머니의 막내 딸 말봉 고모님도 경남여고를 졸업하셨다.

할머니 친정에는 애국지사가 계신다. 대전국립현충원 애국지사묘역 (애지 제2-499)에 안장된 할머니의 조카 엄진영 선생은 건국훈장 애족장이 추서되었다. 선생은 동래에서 3·1만세운동에 가담했다가 체포되어 대구교도소에서 1년 6개월간 복역했고 동래기자단사건으로 징역 6월에 집행유예 5년을 선고받았다.[3] 선생은 동래사회단체연합회관 건립을 위한 자금을 마련하려고 울산에서 행상도 했고 신간회 동래지회 임원이었으며 경상남도 건국준비위원회에도 참여했다. 1946년 6월 동래 복천동 자택에서 테러를 당해 49세에 사망했다. 선생의 장례식에 수많은 애국지사들이 조문했고 이승만 선생과 김구 선생이 대형화환으로 선생의 죽음을 애도했다. 건국훈장 애족장이 추서되었고 대전국립현충원 애국지사묘역(애지 제3-133)에 안장된 엄주태 선생은 엄진영 선생의 조카 항렬인데 구체적 관계는 확인하지 못했다. 이분은 1919년 3월

---

[3] 「청년운동반세기-「자유대한 원형」 찾는 대하 다큐멘터리」, 『경향신문』 1987년 6월 17일 ; 김승, 「한말·일제하 동래지역 민족운동과 사회운동」, 출처 미상.

1. 왜정 때 7천석꾼 집안의 8개월 조산아를 살려낸 나의 할머니 17

27일 양산에서 전병건 선생 등과 함께 비밀리에 인쇄한 「독립선언문」을 살포하다 체포되어 옥고를 치렀고 1928년 11월 고문 후유증으로 사망했다.

할아버지께서는 영수증을 하나도 버리지 않고 종이에 붙여 둘둘 말아 베개를 만들어 사용하실 정도로 꼼꼼하고 검소하셨는데 단지 그것 때문에 당대에 7천석이나 되는 재산을 일궈내신 것은 아니다. 할머니께서 기울어가는 동래의 친정이 재산을 내놓을 때마다 몽땅 사들이셨고 결국 동래와 기장과 일광 일대의 방대한 규모의 농지와 임야 그리고 그 밖의 어마어마한 재산을 소유하게 되셨다. 할머니께서는 회고하셨다. "한참 재산이 불어날 때는 재미에 잠이 오지 않았다. 소도 새끼를 낳으면 쌍둥이였다. 가난한 농가들에게 송아지를 나눠주었고 첫 새끼를 낳으면 그들이 갖게 하고 그 후 새끼가 나오면 나누었다." 많은 사람들이 그들이 키우는 소를 친정으로 몰고 와 할머니께 보여드리는 것을 여러 번 봤다. 며칠 전 엄진영 선생의 외동딸이 나와 통화를 하던 중에 "그 고모님(나의 할머니)께서 굉장히 별나셨고 동래 친정의 복을 몽땅 고모님의 양산 시댁으로 가져가셨다"고 회고했다.

아버지께서는 지의관 할아버지께서 대정3년(1914년), 그러니까 아버지께서 세 살 되던 해에 재산을 두 아들과 세 딸들에게 분할하셨다고 말씀하셨으나 등기부등본에는 아버지께서 15~16세였을 때 재산분할이 이뤄진 것으로 되어 있다. 아버지께서는 논 10마지기와 밭 7마지기 그리고 기장군의 임야 24만 정보(7억 2천6백만여 평)를 상속받으셨고 고모님들에게도 상당한 재산이 돌아갔다. 아버지의 밭 7마지기 중 일부에 현재 양산교육청이 들어 있다.

그런데 사실상의 재산분할은 없었다. 재산분할은 단지 등기부 상에서만 이뤄졌을 뿐이다. 백부가 아버지와 고모님들의 인감을 관리했고 집안의 모든 재산을 독점해버렸다. 백부는 아래채 깊숙한 곳에 동생들의 인감도장과 등기부등본이 담긴 여러 개의 큼지막한 주머니를 숨겨두었다. 백부는 집안의 모든 재산을 일신상회라는 법인의 자본금으로 넣었고 나중에 백부의 둘째 아들 앞으로 옮겼다. 백부는 매월 할머니와 아버지를 포함한 50명 안팎의 집안사람들에게 월급봉투를 나눠주었다.

아버지와 고모님들께서는 할머니께서 살아계시고 백부가 일방적으로 매월 월급봉투를 보내는지라 백부의 재산독점에 내놓고 반기를 들지 못했다. 아버지께서 "내게 재산이 있어도 내가 벌어 만든 것이 아닌데 어머니 보시는 앞에서 나이 많은 형님과 재산을 놓고 싸울 수 없었다"고 회고하셨다. 아버지께서는 비록 백부에게 재산을 몽땅 빼앗겼으나 1964년 할머니가 돌아가시기 전까지는 궁하지 않았고 매우 유족하게 사셨다.

나의 고향 양산에는 진짜 만석꾼이 있었다. 양산의 만석꾼 김주완은 친정과 라이벌 관계에 있었다. 적어도 양산에서는 없는 일을 만들어내고 거짓을 꾸며 남의 재산을 빼앗거나 부당한 이득을 취하는 데에는 누구도 김주완을 따라가지 못했다. 그래서 그로부터 피해를 입은 사람이 많았던 모양이다. 최근에도 김주완의 자손들이 김주완을

1. 왜정 때 7천석꾼 집안의 8개월 조산아를 살려낸 나의 할머니

비난하는 출판물을 상대로 소송을 걸어 돈을 챙기는 경우가 더러 있었다.

만석꾼 김주완은 인색했다. 기근이 들어 마을 사람이 죽어나가도 베풀지 않았다. 흉년이 들어 소작인들이 소작료를 내지 못하면 이듬해에 이자까지 붙여서 모조리 받아냈다. 김주완은 폐결핵으로 자손을 많이 잃었고 양산 사람들로부터 외면당했다. 해방 후 김주완의 집안은 몽땅 양산을 떠났다. 후일 중앙정부에서 고위관직을 지낸 김주완의 한 자손이 양산에서 국회의원을 하겠다고 나섰다가 양산 사람들의 웃음거리가 된 일이 있었다.

나의 친정은 많이 베풀었다. 인색한 것으로 말하자면 내 할아버지께서도 대단하셨다. 그런데도 친정이 크게 베풀 수 있었던 것은 할머니께서 철두철미한 불교신자이셨기 때문이다. 할머니께서는 매일 새벽 4시에 일어나셔서 해 뜰 때까지 백팔개의 염주를 돌리시며 염불을 하셨고 해가 뜨면 동쪽을 향해 절을 하셨고 저녁에는 해지는 서쪽을 향해 큰절을 올리셨다. 할머니께서는 자비로우셨고 배려가 깊은 분이셨다. 심지어 파리를 죽일 때에도 "보리심"을 외우셨다. 장날이 오면 할머니께서 집안의 머슴들을 시켜 장터에 큰 나무통을 갖다 놓고 집사에게 말씀하셨다. "김대롱, 그 통에 집안에 있는 우물을 길어다 붓고 간장소금을 넣어두고 바가지를 띄워놓아라." 양산에서는 장이 서는 날 오가는 사람들이 목마를 일이 없었다. 별것 아닌 것 같지만 5일마다 매번 그러는 것은 아무나 할 수 있는 일이 아니다.

할머니께서는 오랜 세월에 걸쳐 통도사를 비롯한 양산 인근의 여러 사찰에 시주를 많이 하셨다. 1996년 15대 총선에 출마한 남편과 함께 양산에 내려가서 통도사 방장 노천당 월하月下 스님께 나를 소개하고 인사를 드렸더니 옛일을 회고하셨다. "지영진 씨가 통도사의 살림을 많이 사셨다." 스님께서 통도사 범종에 친정이 통도사에 시주한 내력이 상세히 기록되어 있다는 것도 알려주셨다. 통도사 사찰건물을 수리하려고 낡은 기와를 벗겨내면 서까래와 대들보에 "지영진 · 이종문"이라는 이름이 씌어진 종이가 붙어 있는 경우도 많았다고 하셨다. 지영진은 나의 백부이고 이종문은 나의 막내 고모부님이시다. 조계종 총무원장과 종정을 지내신 월하 스님은 몇 년 전에 입적하셨다.

할머니께서는 잊을 만하면 계묘년 보리흉년 이야기를 하셨다. 그 계묘년은 1903년인 것 같다. 그해 저녁이면 사람들이 마을 뒷산에 있는 계원사에 올라가서 굴뚝에서 연기가 나오는 집을 찾았다. 저녁에 굴뚝에서 연기가 나오는 집은 어김없이 도둑이 들었다. 할머니께서는 계묘년 보리흉년이 끝날 때까지 매일 북부동 친정집 마당에 큰 가마솥을 걸어놓고 죽을 쑤셨다. 대문을 활짝 열어놓아 얻어먹는 사람들이 친정 사람들에게 들켜 자존심 상하는 일이 없도록 배려하셨다. 뿐만 아니라 할머니께서는 보리와 쌀을 갈아서 굶는 사람들에게 나눠주셨고 소작농들에게는 소작료를 완전히 면제해 주셨다. 계묘년 보리흉년이 끝날 때까지 친정집 마당에 걸어놓은 가마솥에는 먹음직한 죽이 떨어지지 않았다.

베푸는 것은 할머니셨는데 인심은 할아버지께서 다 얻으셨다. 할머

1. 왜정 때 7천석꾼 집안의 8개월 조산아를 살려낸 나의 할머니   21

니께서는 계묘년 보리흉년이 끝나자 원동면 화제리를 비롯하여 양산의 여러 마을 입구에 "지의관 만세"라고 쓴 목패가 세워졌다고 말씀하셨다. 그때 할아버지께서 할머니 덕에 얻어놓으신 인심이 백부가 1954년 5월에 있었던 3대 민의원 선거에서 무소속으로 당선되는 데 일조했다.

할아버지의 장례식은 장관이었다. 북부동 친정집 근처에 살았던 장씨 아주머니는 할아버지의 장례식이 있었던 날에 벌어진 다시 볼 수 없는 광경을 이렇게 묘사했다. "그날은 특별한 날이었다. 양산 사람들이 거지와 문둥이들과 뒤섞여 북부동 너의 집에서 20리(8km) 떨어진 동면 장지로 이어지는 길을 빽빽하게 메웠다. 상여가 장지에 도착해서 장례식이 진행되고 있는데 북부동 너의 집 그 넓은 마당에 출발하지 못한 문상객들이 가득 들어차 있었다." 할머니께서 말씀하셨다. "너의 할아버지 장례식 날 양산이 하루 종일 거지와 문둥이들이 놋숟가락으로 양푼을 두드리는 소리로 가득했다." 언제부터 그랬는지는 모르겠으나 할머니께서는 친정에서 얻어먹는 거지와 나환자들에게 법랑을 입힌 양푼과 놋숟가락을 나눠주셨다. 그것은 단지 식기일 뿐만 아니라 악기였다.

6·25전쟁 때에는 친정이 서울에서 내려온 피난민들에게도 많이 베풀었다. 부산에 피난 내려와 있었던 2대 상공부 장관(1949.6.6~1950.5.9)을 지낸 윤보선에게 백부의 자동차 기사가 매월 넉넉한 생활비가 든 봉투를 전달했다. 친정에서 피난생활을 한 사람들 중에는 양정중학교의 한관하 선생과 휘문고등학교의 윤학구 선생도 있었다. 그들은 서울이 수복되고 정부가 서울 시민에게 환도를 허락하자마자 곧바로 올라갔다.

그러나 얼굴이 잘생긴 장명진, 장국진, 장서진, 장후진 4형제는 서울이 수복된 이후에도 친정집에 오래 머물렀다. 장명진 선생은 아버지께서 설립하신 고등공민학교를 전적으로 맡아 운영했다. 장국진은 진명여고 선생님이었고 양산중학교에서 국어선생을 했다. 그는 나중에 해병대 정훈감까지 지냈다. 장서진은 연세대학교 정치외교학과를 다니던 대학생이었고 사촌 정자언니와 혼담이 오가기도 했으나 백부가 그들이 가난하다며 반대해서 성사되지 못했다. 장후진은 초등학교 다니는 아이였다.

8개월 조산아로 태어나 몸이 극도로 허약했던 내가 죽지 않고 살아난 것은 자비로우신 할머니께서 지극정성으로 보살펴 주셨기 때문이다. 할머니께서 안 계셨더라면 아마 그때 나는 죽었을 것이다. 할머니께서는 나를 거의 멸균상태에서 키우셨다. 할머니께서는 놓으면 꺼질까 불면 날아갈까 나를 24시간 감시하셨다. 나는 눈에 넣어도 아프지 않은 할머니의 분신이었다. 내가 아주 어렸을 때에는 할머니께서 염소젖을 구해 먹였고 몸에 좋다는 보약을 많이 구해 먹였다.

내가 양산초등학교에 들어갔을 때에는 키만 훌쩍 컸고 피골이 상접했고 병약해서 학교를 빠지기 일쑤였다. 하도 몸이 약해서 학교에 가는 날보다 가지 못하는 날이 더 많았다. 어머니를 비롯한 집안사람들이 내가 초등학교도 졸업하지 못할까봐 걱정을 많이 했다. 할머니께서 집안 머슴들을 시켜 학교로 점심도시락을 날랐다. 매일 집에서 일하는 찬모들이 학교로 홍삼과 각종 보약을 가져왔다.

1. 왜정 때 7천석꾼 집안의 8개월 조산아를 살려낸 나의 할머니

해방 직후 1945년 가을 전국에 호열자(콜레라)가 돌았고 양산에서도 많은 사람이 죽어나갔다. 콜레라는 짐승과 사람을 가리지 않았다. 그때 아버지께서 키우던 토종닭 수백 마리와 검고 윤기 나는 긴 꼬리를 뽐내던 장닭들이 빙빙 돌다가 쓰러져 죽었다. 아버지께서는 닭장을 없애버리고 그 자리에 달리아 구근을 많이 심으셨다. 그것이 만발하여 장관을 이루었고 동네사람들의 구경거리가 되었다.

그때 양산 사람들이 "인심 얻은 집에서는 짐승이 사람을 대신해서 죽는다"고 수군거렸다. 그런데 그것은 사실이 아니었다. 그때 양산에도 일본에서 돌아온 귀환동포들이 많았다. 그들은 대부분 먹을거리가 없었다. 상북면 대석리 귀환동포 집의 얼굴이 예쁜 열 살 난 여자아이 명림이가 할머니 방에서 심부름하면서 지내고 있었다. 그런데 그만 그 아이가 호열자에 걸려 죽고 말았다. 면사무소에서 직원들이 나와 친정집을 금줄로 둘렀고 온통 시꺼먼 약을 뿌려댔다. 사람의 출입이 완전히 차단되었다.

그때 할머니께서 당황하시는 모습을 처음 봤다. 할머니께서는 한밤중에 나를 백부가 사는 아래채 남쪽 담장으로 데리고 가셔서 담장 위로 나를 밀어 올려 밖으로 내보셨다. 집안의 어떤 사람이 나를 부산 초량동 둘째 이모네 집으로 데리고 갔다. 호열자가 완전히 사라질 때까지 그곳에서 부모님과 함께 오붓하게 잘 지냈다. 그때 아버지께서는 미군정에 의해 사회주의자로 분류되셨고 군정재판을 받으러 가시던 중 탈출하여 초량동에 있는 둘째 이모 집에서 피신 중이셨다. 자세한 내용은 4장에 있다.

6·25전쟁 때 양산에서도 빨치산이 극성을 부렸으나 친정은 별 피해를 입지 않았다. 양산에서 머슴살이하는 사람들도 산으로 가서 빨치산에 합류했는데 빨치산이 친정집에 쳐들어오기 전에 누군가가 돌에 편지를 묶어 던져 넣었다. 편지에는 그들이 쳐들어올 시각이 적혀 있었다. 할머니께서 집사에게 말했다. "김대룡, 집안의 남자들을 모두 데리고 나가 있어라." 친정에는 여자들만 남았다. 할머니께서 말씀하셨다. "복면을 쓴 놈들은 사람을 죽이지 않는다. 침착해라."

할머니께서는 대문과 창고 문을 활짝 열어놓고 대청마루에 떡 버티고 앉아 빨치산들에게 말씀하셨다. "대문을 열어놓는 것은 너희들 도둑놈 안 만들려는 것이다." 그런데 그날 친정에 쳐들어온 빨치산들은 복면을 쓰지 않았다. 할머니께서는 속으로는 매우 당황하셨으나 침착하게 우렁찬 목소리로 이렇게 말씀하셨다. "필요한 대로 다 가져가거라. 단, 사람은 해치지 마라." 할머니의 등 뒤에 숨어서 벌벌 떨면서도 나는 그 모든 광경을 낱낱이 목격했다.

6·25전쟁 당시에는 세상의 주인이 밤낮으로 바뀌었다. 밤에 빨치산이 설치고 가면 다음 날 아침에는 어김없이 경찰이 들이닥쳤다. "왜 문을 열어주었느냐! 왜 반항하지 않았느냐! 왜 신고를 하지 않았느냐!"고 할머니를 닦달했다. 할머니께서는 그들을 그냥 무시하셨다. 밤이 되면 빨치산들이 쳐들어와 경찰에게 협조했다고 다그칠 것이 뻔했기 때문이다.

그때 양산에서도 보도연맹이 뭔지 잘 모르거나 보도연맹에 가입할

1. 왜정 때 7천석꾼 집안의 8개월 조산아를 살려낸 나의 할머니   25

필요가 없는 사람들까지 보도연맹에 가입시킨 경우가 적지 않았다. 보도연맹의 정식명칭은 국민보도연맹이다. 정부는 국가보안법을 위반했거나 전향한 좌익 인사를 여기에 가입시켜 통제했다. 1949년 말 전국의 보도연맹 가입자가 무려 30만 명에 달했다. 한때 이들이 좌익세력의 조직을 무너뜨리는 데 결정적 도움을 주기도 했다. 그런데 6·25 전쟁이 터지자 정부는 보도연맹 가입자들이 위장 전향한 좌익분자들과 북한에 동조할 가능성이 있다고 판단했고 그들을 무차별적으로 즉결처분해버렸다. 아직도 그 처참한 학살의 실상이 공개되지 않고 있다.

아버지께서도 6·25전쟁 때에 보도연맹으로 몰려 죽게 되었는데 백부가 양산군수를 지낸 덕분에 살아나셨다. 그 바람에 양산의 무형문화재 이영우 선생께서도 목숨을 건지셨다. 양산군청에 보도연맹에 연루된 사람들의 신상명세서첩이 수북이 쌓여 있었다. 현직 군수였던 백부가 군청에 내려가 아버지의 신상명세서를 빼내 없애버렸다. 아버지의 신상명세서 이면에 이영우 선생의 신상명세서가 있었다.

그때 양산에도 "백두산 호랑이"라는 별명을 가진 이승만 대통령의 양아들이라는 자가 내려와 보도연맹에 연루된 사람을 많이 죽였다. 그래서 양산에도 억울한 죽음이 굉장히 많았다. 희망고개 근처에 있는 목화창고에 좌익 또는 좌익으로 몰려 죽은 사람의 머리가 수북이 쌓여 있었다. 차가 다니는 큰길에 수많은 시체들이 즐비하게 놓여 있었다.

2. 상해임시정부에 상당한 재산을 보낸 백부와 의춘상행(宜春商行)

일제시대에 부산을 비롯한 경남지방은 다른 지역보다 일본에 대한 거부감과 항일의식이 특별히 강했다.[1] 일본과 가까운 부산과 마산을 비롯한 많은 개항장에 일본인들이 대거 진출해서 토지, 어장, 금융, 상업 전반에 걸쳐서 경제적 침탈과 수탈을 자행하여 부산과 경남지역 사람들의 생활기반이 크게 위축되었다. 그래서 부산과 경남지역에서는 일찌감치 일본에 대한 거부감과 항일의식이 꿈틀거렸다.

이 와중에 1919년 3·1만세운동이 발생하여 부산과 경남 사람들의 항일감정에 기름을 부었다.[2] 민족독립운동이 대대적으로 확대되고 심화되면서 사람들의 가슴에 민족적 자각이 고무되었다. 경남지방에서는 만세운동이 타지방에 비해 늦었으나 사상자수, 관공서 파괴 등이

---

[1] 신종대,「부산·경남지방의 해방정국과 인민위원회에 관한 연구」, 경남대학교 정치학 석사학위논문(1991.12), 8쪽. 이 장에서 필자가 언급하는 사건들은 특별한 언급이 없는 경우에는 신종대 교수의 석사학위논문에서 인용한 것임을 밝힌다.

[2] 위의 글, 9~10쪽.

2. 상해임시정부에 상당한 재산을 보낸 백부와 의춘상행(宜春商行) 27

극심했다. 1919년 3월 중순에는 서울에서 공부하던 동래고보 출신 곽상훈과 범어사 출신 스님 김법정이 부산과 마산 등지에 독립선언서를 전달하여 부산과 경남지역에서도 만세운동이 시작되었다.[3] 부산에서 학생들의 만세시위운동은 1919년 3월 11일 서양 선교사들이 세운 내 모교의 전신 동래 일신여학교에서 처음 시작되었다. 3월 13일에는 동래고보 학생들이 만세운동을 시작했고 범어사에서도 학생들이 모여 만세운동을 시작했다. 그 후 경남의 거의 모든 지역의 군, 면, 리 단위에서 만세시위운동이 들불처럼 일어났다. 한번 시위가 일어나면 수회 또는 수십 회씩 반복되었다. 도시에서 농촌으로 확대된 만세운동이 4월 초순에 절정에 달했다가 4월 중순 일제의 탄압이 시작되면서 수그러들었다.

3·1만세운동 이후 양산에는 평범한 사람들뿐만 아니라 만석꾼 김주완을 제외한 크고 작은 지주들의 가슴에 독립에 대한 강력한 열망을 불어넣은 분들이 계셨다. 이분들 때문에 3·1운동 이후 특히 양산에서 각종 무장독립투쟁은 말할 것도 없고 상해임시정부를 물심양면으로 지원하는 각종 비밀활동이 활기를 띠었다. 백농白農 이규홍李圭洪 선생과 우산右山 윤현진尹顯振 선생이 바로 그분들이다.

이규홍 선생은 1893년 9월 양산 대석리 397번지에서 출생하셨고 1916년 동경 명치대학교 법학부를 졸업하셨다. 선생께서는 1919년 서울에서 국민대회(3·1독립운동)에 참석하신 후 4월 윤현진 선생과 함께

---

[3] 위의 글, 10쪽.

상해로 망명하셨고 임시정부가 수립되자 1920년 1월까지 학무차장과 내무차장을 역임하셨다. 1921년에는 의정원의원, 상해 국민대표회 기성회 조직의원, 상해 대한적십자 상의원으로 선출되셨다. 1924년 재무총장, 1925년 외무총장과 재무총장, 1926년 12월 의정원 부의장(임시정부 부주석)을 역임하셨다. 1927년 4월 반포된 임시정부 헌법의 약헌기초의원을 지내셨다. 1932년 4월 29일 윤봉길 선생의 의거가 성공하여 체포되자 자전거로 프랑스 조계에 거주하는 애국지사들에게 이 사실을 알리고 피난을 권유하셨다. 1935년 중증 폐결핵에 걸려 귀국하셨는데 고등계 형사의 감시 아래 대석리 생가에 연금되어 투병하시던 중 1939년 5월에 사망하셨다. 국가기록원에서는 연금기간 중에 선생의 불미스러운 행적을 찾을 수 없다. 완벽한 기록문화를 가진 일본의 외무성 데이터베이스에도 선생은 요시찰 인물로 기록되어 있고 연금기간 중에 선생의 불미스러운 행적을 찾을 수 없다. 그런데도 아직 선생은 독립유공자로 지정받지 못하고 계신다.

윤현진 선생은 상해임시정부의 재정차장을 지내던 중 요절하셨는데 건국훈장 독립장이 추서되셨다. 선생은 1892년 9월 양산시 상북면 소토리 내전부락에서 출생했으나 아버지께서 한동안 분가해 사셨던 중부동 160번지 바로 뒷집에서 사셨다. 그래서 아버지와 무척 친하셨다.

이규홍 선생과 윤현진 선생은 백부(池英進)가 존경해 마지않는 하늘 같은 선배였다. 이규홍 선생께서 상해로 망명하시기 전에 백부에게 당신의 아들을 돌봐주라고 신신당부를 하셨다. 백부는 1898년 12월 8일 양산 북부동 362번지에서 태어나셨고 일제강점기에 서울에서 보성중

2. 상해임시정부에 상당한 재산을 보낸 백부와 의춘상행(宜春商行)

학교를 졸업하셨다. 보성중학교는 보성전문과 고려대학교의 전신이다. 백부는 기골이 장대하고 박식했고 의리와 의협심도 있으셨다. 심약한 편이었으나 의표를 찌르는 재치와 유머가 있으셨다.

해방 후 백부의 정치이력은 화려했다. 건국준비위원회 양산위원장을 지냈고 미군정 때에는 양산군수로 임명되었다. 1948년 5월 제헌국회의원 선거에 대한독립촉성국민회의 소속으로 양산에 출마했으나 낙선했고 이듬해 1949년 10월 국민회의의 경남지부의 부회장에 입후보했으나 선출되지 못했다. 그러나 1954년 5월 3대 민의원 선거에 무소속으로 입후보해 당선되었다. 1958년 5월 4대 민의원 선거에 자유당 후보로 출마해 무투표 당선되었고 국회 상공위원장을 지냈다. 1959년 7월 22일 백부가 민주당 후보의 입후보를 방해했다면서 당선무효판결이 나왔으나 1959년 9월 보궐선거에서 민주당 후보를 누르고 당선되었다. 백부는 5대 민의원 선거에서도 당선되었으나 4·19 이후 당선이 취소되었다.

윤현진 선생은 총명하셨고 일본 명치대학교 법학과에 유학하셨다. 그때 선생께서 김성수, 신익희, 송진우, 장덕수 등과 함께 조선유학생학우회와 조선광복동맹결사단 총무를 맡으면서 항일운동에 발을 내디뎠다. 디지털양산문화대전에 따르면, 윤현진 선생께서는 귀국 후 1919년 3·1만세운동이 일어나기 전까지 고향에서 양산소비조합을 만들어 운영하셨다. 저렴한 생필품을 신속하게 조달하는 선생의 양산소비조합은 번창했고 일본인들의 장사는 피폐해졌다. 그래서 일본인 상인들이 헌병을 동원하여 양산소비조합을 폐쇄하려고 달려들었고 선생께서

분연히 맞서 양산소비조합을 지켜내셨다.

윤현진 선생은 3·1만세운동 직후 1919년 4월 상해로 건너가 임시의정원 의원으로 선출되셨고 임시정부의 재무차장으로 선임되셨다. 임시정부의 재정문제를 책임지게 된 선생은 임시정부와 독립군의 운영자금을 마련키 위해 우선 사재 30만 원을 털었고 독립공채를 발행하셨다. 그때 30만 원이라는 돈은 거액이었다.

선생은 2차 임시의정원 회의에서 내무위원으로 선출되셨고 1919년 5월 구급의연금모집위원으로 선임되셨다. 그때 백산 안희제 선생 등이 부산에서 운영한 무역회사 백산상회의 도움을 받았다. 그런데 백산상회는 국내외 독립운동가들의 활동을 돕던 중 1927년 일제에 의해 해체되었다. 윤현진 선생은 1920년 독립신문사를 주식회사로 확대하여 안창호 선생과 함께 주금株金 모집에 앞장서셨다.

디지털양산문화대전은 윤현진 선생께서 김성수 등이 동아일보를 창립할 때 양산에서 일가친척 6명을 발기인으로 참여시키셨다고 기록한다. 그런데 6명의 양산 출신 동아일보 발기인들이 모두 선생의 일가친척은 아니다. 백부는 선생의 일가친척은 아니었으나 선생의 권유로 동아일보 발기인으로 참여하셨다. 1972년 2월 『동아일보』에 실린 백부의 부고에 백부가 동아일보 발기인이고 3·4대 의원을 지낸 사실이 기록되어 있다.[4]

---

[4] 「3·4대의원 지영진씨」, 『동아일보』 1972년 2월 23일.

2. 상해임시정부에 상당한 재산을 보낸 백부와 의춘상행(宜春商行)

디지털양산문화대전은 1919년 3·1만세운동에 가담한 윤현진 선생께서 동년 4월 상해로 망명하기 전에 양산소비조합의 명칭을 "의춘상행宜春商行"으로 변경했고 운영권을 최학선이라는 분에게 맡기셨다고 한다. 그런데 이 기록은 잘못된 것이다. 의춘상행의 전신이 양산의 소비조합이었는지는 모르겠으나 의춘상행은 소비조합이 아니라 상해와 거래하는 무역회사였고 윤현진 선생이 설립한 것도 아니다.

의춘상행의 설립자이며 최대주주는 나의 백부다. 백부가 윤현진 선생께서 상해로 망명하시기 직전 1919년 4월 선생과 함께 의춘상행을 창립하셨다. 윤현진 선생은 의춘상행의 소액주주이자 경리과장이었다. 제헌국회의원, 2~5대 민의원, 민의원의장, 그리고 대통령권한대행까지 역임하여 정치인으로 크게 출세한 곽상훈 선생은 의춘상행의 총무과장이었다. 곽상훈 선생도 의춘상행의 주주였는지는 확인하지 못했다. 의춘宜春은 양산이 양주로 불리기 이전의 이름이고 상행商行은 소비가 아니라 상행위, 즉 돈벌이하는 장사를 의미한다. 의춘상행은 일본인 상인과 맞서 싸운 소비단체가 아니라 적어도 명목상으로는 상해와 다양한 품목을 거래하는 무역회사였다. 그래서 양산의 만석꾼이며 친일파인 김주완도 의춘상행에 주주로 참여한 것이다.

백부는 의춘상행을 설립한 1919년 4월부터 해방직전까지 이십여 년에 걸쳐 양산과 상해를 연결하는 의춘상행의 비밀루트를 통해서 자신의 상당한 재산을 상해임시정부로 보냈다. 안희제 선생의 백산상회는 상해의 임시정부로 연결되는 비밀루트들 중에서 하나일 뿐이었고 그나마 1927년에 일제에 의해 해체되었다. 백부는 임시정부를 도우면서 상당한 재산을 탕진했으나 해방 후에 아버지와 고모들의 몫으로 분배된 재산까지 자본금으로 사용하여 거대한 재벌이 되었다. 보성중학교를 졸업한 백부는 이재에 밝았다.

1921년 9월 17일 임시정부의 분열을 수습하느라 과로를 거듭하던 윤현진 선생이 그만 애석하게도 30세의 젊은 나이에 요절하셨다. 이규홍 선생의 손자의 전언에 따르면 애국지사들이 모인 임시정부도 결국은 음모와 술수가 횡행하는 음험한 정치의 장이었고 특히 설립 초기에는 심각한 분열이 있었다. 윤현진 선생은 병마에 시달리면서도 분열을 거듭하는 임시정부를 수습하느라 몸을 돌볼 겨를이 없었다. 일본의 영향력 있는 일간신문이 선생의 죽음이 곧 임시정부의 패망이라는 논설을 게재한 것을 볼 때 임시정부에서 선생의 기여도가 절대적이었던 것 같다. 임시정부는 선생의 장례를 국장으로 엄수했고 선생의 유해를 상해 정안사의 외국인 묘지에 모셨다.

선생이 사망했다는 소식을 들은 선생의 친형 윤현태 씨와 아버지 등이 상해로 선생의 무덤을 찾아 떠났다. 그런데 도무지 선생의 무덤을 찾을 수 없었다. 내 무덤에 비석 세울 돈 있으면 총 한 자루를 더 사라는 선생의 유언 때문에 비석을 세우지 못했던 것이다. 그래도 아버지 등은 용케 선생의 무덤을 찾아냈고 나중에 다시 찾을 수 있도록 무덤 옆에 확실한 표시를 해두었다. 지금 윤현진 선생의 유해는 대전 국립현충원 애국지사묘역(애지 제1-34)에 안장되어 있다.

백부는 윤현진 선생이 사망한 이후에도 계속 상해임시정부에 비밀

2. 상해임시정부에 상당한 재산을 보낸 백부와 의춘상행(宜春商行) 33

자금을 보냈다. 백부는 이를 위해 의춘상행의 비밀루트를 계속 운영했는데 주로 구포역 근처의 근산병원을 중간 집결지로 이용했다. 양산에서 상해로 가려면 부산항에 가서 배를 타야 했다. 양산에서 부산으로 가려면 물금역에서 구포까지 기차를 타고 구포역에서 내려 부산으로 가는 기차로 갈아타야 했다. 그런데 단지 그것 때문에 구포역 근처에 있었던 근산병원을 중간 집결지로 이용한 것은 아니다.

근산병원은 일본 경찰의 감시를 따돌리는 데 그야말로 안성맞춤이었다. 근산병원은 1년 365일 하루 24시간 항상 사람들로 붐볐다. 근산병원을 세운 근산近山 김형주 선생은 구포에 있는 고아원 애린원의 아이들을 친자식처럼 돌봤고 무료 진료도 많이 했다. 선생은 지역 주민과 환자를 어질게 대했고 김해와 양산에서도 환자가 많이 찾아왔다. 양산에서 근산병원에 가는 것이 특별한 일이 아니었기 때문에 관찰대상이 되지 않았다. 아무튼 그때 근산병원은 항상 각양각색의 사람들로 발 디딜 틈이 없었다.

백부는 할머니의 조카이며 애국지사 엄진영 선생이 동래에서 운영한 여관도 중간 집결지로 이용했다. 어머니께서 의춘상행의 중요한 비밀루트로 활동하셨다. 어머니께서는 친정에서 일하는 아주머니들과 함께 목탄차를 타고 엄진영 선생의 여관으로 적어도 1주일에 한두 번씩은 반드시 가셨다. 나도 왜정말기에 동생과 함께 어머니를 따라 엄진영 선생의 여관에 몇 번 갔고 동생은 자주 드나들었다. 어머니와 함께 동래에 드나들던 아주머니들 중 한 사람은 항상 노란색 주전자를 들고 다녔다. 목탄차에서 노란색 주전자를 무릎에 놓고 앉아 있는 아주머니에게 물었다. "거기 뭐가 들었어요?" 아주머니가 짧게 대답했다. "돈이다. 정수야, 곤란한 거 묻지 마라."

동래 엄진영 선생의 여관은 보안을 유지하기 좋았다. 여관이 ㅁ자 모양으로 생겨서 밖에서는 안을 들여다볼 수 없었다. 여관 안에 정원을 가꿔놓아 분위기도 좋았다. 그 여관에서 어머니와 엄진영 선생의 부인과 그 밖에 많은 아주머니들이 독립운동에 관해 이야기를 나누셨다. 부산의 기생들이 독립운동을 하는 분들을 돕는다는 얘기를 얼핏 들었다. 어머니와 엄진영 선생의 부인과 아주머니들이 이야기를 나누시는 동안 나와 동생은 여관 정원에서 놀았다. 그곳에서 엄진영 선생의 동생 엄대영 씨와 함께 무슨 궁리를 하던 아버지와 마주치기도 했다. 엄대영 씨는 왜정 때 광복동에서 양복점을 경영했는데 해방 후에는 대청동에서 육해공군과 해병대에 각종 계급장과 훈장을 납품하는 공장을 경영했다. 왜정 때 엄대영 씨가 동래 그 여관에서 우연히 조우한 우리 부모 형제의 사진을 찍어주고 우리를 광복동 요릿집에 데려가 장어덮밥을 사준 기억도 있다.

아버지께서도 의춘상행의 중요한 비밀루트셨고 집에 계신 날보다도 없는 날이 더 많았다. 아버지께서는 주로 엄진영 선생의 동래 여관을 이용하셨으나 간혹 근산병원도 이용하셨다. 직접 부산항에서 배를 타고 상해로 가시기도 했다. 상해로 가는 배는 위험했다. 임시정부로 비밀자금을 운반하는 조선인을 체포하려고 정복경찰은 물론 사복을 입고 잠행하는 경찰도 있었다. 그러나 아버지는 일본대학교 문학부에서 배운 일본어와 일본식 매너로 그들이 파놓은 함정을 피하셨다.

2. 상해임시정부에 상당한 재산을 보낸 백부와 의춘상행(宜春商行)

어머니께서도 구포 근산병원에 자주 드나드셨다. 북부동 친정집은 백부가 사는 아래채와 담 하나를 사이에 두고 붙어 있었고 공동으로 사용하는 우물이 있었다. 그 우물가에서 어머니와 사촌 성룡 오빠가 무슨 말을 주고받다가 서로 고개를 끄덕이고 헤어지는 날에는 반드시 어머니께서 엄진영 선생의 동래 여관이나 구포의 근산병원으로 가셨다. 어머니께서 구포 근산병원에 가실 때 열 살도 채 안 된 동생을 데리고 가신 적도 많았다. 동생이 몸이 아파서 근산병원에 간 것은 아니었다.

해방되기 2~3년 전부터 어머니께서 어린 동생과 함께 열 번 정도 근산병원으로 상해임시정부에 보낼 독립운동자금을 나르셨다. 그때 동생이 양산초등학교 1학년을 다니다가 장티푸스를 앓는 바람에 두세 달이나 학교에 가지 못하고 집에서 쉬고 있었다. 동생은 그때 결국 유급을 하고 말았다. 그때부터 해방 직전까지 동생이 어머니와 함께 한 열 번 정도 의춘상행의 비밀루트 노릇을 했다.

근산병원에 가는 날은 아침부터 어머니께서 부산을 떠셨다. 백부로부터 거액의 지폐를 받아 무명천으로 튼튼한 전대를 만들어 동생의 허리춤에 단단히 묶으셨다. 그때 조선 사람은 주로 동전을 사용했다. 조선 사람이 지폐를 갖고 있다가 들키면 아무런 이유 없이 경찰에 끌려가 조사받고 죽도록 얻어맞고 요시찰대상이 되는 시절이었다. 동생은 전대를 감추려고 헐렁한 바지로 갈아입었다. 가끔씩 어머니께서 가기 싫다고 떼를 쓰는 동생을 달래려고 물금역까지 백부의 하이야 승용차를 타고 가신 적도 있었다. 승용차로 물금역에 간 날은 일부러

기차를 놓쳤고 한참 기다렸다가 다음번 기차를 탔다. 경찰의 추적을 따돌리기 위한 조치였다.

동생은 대담했다. 열 번이나 근산병원에 들어가면서 한 번도 검문에 걸리지 않았다. 동생이 검문하는 경찰을 교묘하게 따돌렸다기보다는 그냥 아무렇지도 않게 병원으로 쑥 들어가 버렸다. 그것은 동생이 워낙 어렸기 때문에 가능한 일이었다. 열 살도 안 된 아이가 허리춤에 그런 거액의 독립운동자금을 숨기고 있으리라고는 누구도 상상할 수 없었을 것이다.

동생이 근산병원에 들어가면 사람들이 동생을 금방 알아차렸다. 동생은 곧바로 병원 뒤에 있는 병원장의 살림집으로 들어갔고 조금 후 어머니께서 따라 들어가셨다. 그곳에는 병원장뿐만 아니라 여러 사람들이 자리를 잡고 있었다. 그분들은 대부분 아버지와 비슷한 연배였다. 동생에게 낯익은 사람도 있었고 낯선 사람도 간혹 있었다. 바로 그분들이 오랫동안 상해임시정부에 백부가 보낸 비밀자금을 전달해온 의춘상행의 비밀루트였다.

어머니께서는 동생과 함께 근산병원에서 양산으로 돌아오실 때에는 반드시 김해 장유면 덕봉 고모님의 집에 들르셨다. 덕봉 고모님께서는 양산초등학교만 나오셨지만 고모부님께서는 와세다대학교를 나온 수재셨고 장유면 수리조합장을 지낸 김해의 갑부셨다. 어머니께서는 동생과 함께 그냥 아무 일 없이 괜히 김해 고모님 댁에 수시로 드나드셨다. 가서 마냥 시간을 보내시다가 돌아오는 경우가 많았다. 덕봉 고

2. 상해임시정부에 상당한 재산을 보낸 백부와 의춘상행(宜春商行) 37

모님 댁에 드나드는 것을 일상화하여 일본 경찰의 관심을 분산시키기 위한 조치였다.

김해 덕봉 고모님 댁에서 양산으로 돌아올 때에는 자갈이 깔려 울퉁불퉁하고 먼지가 풀풀 날리는 비포장도로를 걸었던 적도 있었으나 다시 구포역으로 가서 기차를 탄 경우가 더 많았다. 그러나 물금역에 내려서는 양산까지 그 지긋지긋한 비포장도로를 걸어야 했다. 길에서 우마차를 만나면 어머니께서 동생과 함께 집어타곤 하셨다. 그때나 지금이나 물금 쪽에서 양산 북부동 집으로 돌아오려면 영대교라는 다리를 건너야 한다.

백부가 이십여 년에 걸쳐 상당한 재산을 팔아 상해임시정부에 보내면서 단 한 번도 일본 경찰에 발각되지 않은 것은 이렇게 철저하게 보안을 유지했고 일본 경찰의 관심을 성공적으로 분산시켰기 때문이다. 그때 상해로 비밀자금을 운반하다가 검문에 걸려 고문을 당해 병신이 되거나 죽임을 당하는 경우가 종종 있었다. 백부가 상해임시정부에 비밀자금을 보내기 위해서 어머니와 심지어 열 살도 안 된 동생까지 동원한 것 또한 검문검색을 피하기 위한 조치였다.

그런데 백부가 처음부터 그렇게 조심스러웠던 것은 아니다. 백부가 처음 상해임시정부에 비밀자금을 보내기 시작했을 때에는 보안유지에 별다른 신경을 쓰지 않았고 심지어 무모하기 짝이 없는 실수를 저지르기도 했다. 앞에서 언급했듯이 1919년 4월에 있었던 윤현진 선생의 상해 망명이 백부가 임시정부에 비밀자금을 보내게 된 계기였다. 그런데 그때 백부가 엄청난 실수를 저지르는 바람에 일본 경찰에 체포되어 사형을 당할지도 모르는 상황에 처해진 적이 있었다.

그러나 다행히 백부의 실수를 수습하고 윤현진 선생을 통해 상해임시정부에 비밀자금을 보낸 진실을 은폐하기 위한 모종의 조작이 완벽하게 성공했다. 그리고 후일 그 조작이 윤현진 선생께서 의춘상행을 만드셨고 선생께서 상해로 망명하시기 직전에 의춘상행의 운영권을 최학선이라는 분에게 맡겼다는 기록으로 발전한 것으로 보인다. 이제 구십여 년 만에 그 사건의 내막을 밝힌다.

최학선이라는 분은 아무래도 최만초 선생과 동일인물인 듯하다. 디지털양산문화대전은 최학선이라는 분이 양산 남부동 출신이고 "독립할배"라는 별명을 가졌다고 기록한다. 그런데 내 기억으로는 독립할배가 최만초 선생의 별명이고 최만초 선생도 남부동 출신이다. 최학선이라는 분과 최만초 선생은 동일인물인 듯하다.

최만초 선생은 의춘상행의 주주나 과장이 아니었고 총책임자는 더더욱 아니었다. 그분은 의춘상행의 평직원이었다. 그러나 그분이 해방 후 해마다 3월 1일이 되면 양산의 공설운동장에서 개최되는 3·1절 행사에 초대되어 대한독립만세를 선창할 정도로 유명한 독립할배였던 것은 분명한 사실이다. 최만초 선생이 독립할배로 융숭한 대접을 받게 된 것은 고맙게도 그분께서 백부 대신 옥살이를 해주셨기 때문이다.

백부는 1919년 4월 상해로 망명하는 절친한 선배 윤현진 선생을 빈

2. 상해임시정부에 상당한 재산을 보낸 백부와 의춘상행(宜春商行)

손으로 보낼 수 없었다. 백부가 선생의 손에 15만 원을 쥐어드렸다. 백부가 5만 원을 만들었고 통도사에서 5만 원을 보내왔다. 그때 통도사에는 뚜렷한 민족의식을 가진 스님들이 있었다. 그때 돈 가치로 볼 때 15만 원은 상당한 거액이다. 그때 쌀 한 가마에 3원 정도 했다고 한다.

나머지 돈 5만 원은 백부가 만석꾼 김주완이 의춘상행에 출자한 자본금의 일부를 불법적으로 인출하여 충당했다. 그때 의춘상행의 자본금이 양산의 금융조합 구좌에 들어 있었는데, 백부가 금융조합의 전무였다. 그래서 불법인출은 얼마든지 가능했다. 그런데 그것은 무모하기 짝이 없는 행동이었다.

그때 백부가 친일하는 만석꾼 김주완의 돈 5만 원을 상해임시정부에 보내버린 것을 통쾌하게 생각했었는지는 알 수 없다. 그러나 김주완이 백부의 불법인출을 문제 삼을 수 없으리라고 생각할 만한 근거는 충분했다. 김주완의 돈 5만 원을 가져간 윤현진 선생이 그와 굉장히 가까운 인척이었다.

그런데 백부의 생각은 완전히 빗나갔다. 윤현진 선생이 상해로 떠난 직후 일본 경찰이 군화를 신은 채 북부동 친정 아래채 안방으로 들이닥쳐 백부를 잡아갔다. 김주완이 자신의 구좌에서 5만 원이 빠져나간 것을 확인하자마자 한순간도 지체하지 않고 바로 경찰에 신고해버린 것이다. 할머니께서는 백부가 경찰에 잡혀가기 전에 세수 대야에 피를 가득 쏟았다고 회고했다. 심장이 멎어버릴 사건이었다.

백부는 구속된 상태에서 거액의 돈을 써서 무라다(村田)라는 유능한 일본인 변호사를 선임했다. 그런데 무라다가 정상적인 변호를 통해서는 백부를 풀어낼 방법이 없다는 것을 알아차리는 데에 많은 시간이 걸리지 않았다. 그는 백부의 의춘상행사건을 양산 남부동에 사는 의춘상행의 평직원 최만초 선생이 김주완의 돈 5만 원을 빼내어 놀음으로 탕진해버린 사건으로 변조했다.

만일 그때 백부가 김주완의 돈 5만 원을 포함한 15만 원이라는 거액을 윤현진 선생 편에 상해임시정부로 보내버린 사실이 발각되었더라면 아마 고문을 당하다가 병신이 되었거나 죽음을 면치 못했을 것이다. 일본 제국주의의 입장에서 볼 때 상해임시정부에 자금을 보내는 것은 반역이고 반역은 곧 죽음을 의미했다. 그래서 왜정 때 경향각지의 지주들이 임시정부를 위해 독립자금을 내놓을 때 주로 강도를 당한 것으로 위장했다.

무라다 변호사의 계략은 제대로 들어맞았다. 백부는 풀려났고 고맙게도 최만초 선생이 대신 형무소로 들어가셨다. 백부는 풀려나오자마자 최만초 선생이 탕진한 것으로 조작된 김주완의 돈 5만 원을 변제하여 최만초 선생의 형기를 크게 줄였다. 그때 은행대출을 받아 김주완의 돈 5만 원을 갚으려던 백부의 계획이 난관에 봉착했다. 일본이 운영하는 금융기관들은 똑같은 담보를 넣어도 일본인에게는 5천 원을 대출해주었으나 조선인에게는 1천 원밖에 대출하지 않았다.

고맙게도 백부를 대신해서 옥살이를 해주신 최만초 선생께서는 출

2. 상해임시정부에 상당한 재산을 보낸 백부와 의츈상행(宜春商行)

옥 후 양산의 유명한 독립운동가가 되셨다. 출옥 후 그분은 신간회를 비롯한 독립운동단체에서 활동하셨고 해방 후에는 추앙받는 "독립할배"가 되셨다. 해마다 3·1절이 되면 양산 시민들이 모인 공설운동장의 높은 단상에 올라 "대한독립만세"를 우렁차게 선창하셨다.

1938년 7월 일본이 중국을 침공하고 아시아 여러 지역을 점령하자 미국이 1941년부터 일본에게 석유수출을 금지하는 등 압박을 가해왔고 이에 일본이 1941년 7월 진주만 기습에 나서 태평양전쟁이 시작되었다. 그 무렵부터 친정에 대한 일본 경찰의 압박이 더욱더 심해졌다. 친정에 드나드는 사람들을 일일이 체크했고 백부뿐만 아니라 부산과 양산에서 항일극작활동을 하시는 아버지도 적극 회유했다. 1945년 해방이 가까웠을 때 일본패망은 삼척동자에게도 불을 보듯 뻔했다. 백부는 쓸데없이 일본과 반목해서 상해임시정부에 독립운동자금을 보내는 의츈상행의 비밀루트를 위험에 빠뜨리지 말아야 한다는 생각을 했다. 해방되기 2년 전 1943년 3월 백부는 의츈상행을 지키려고 양산면장을 맡아달라는 일본의 집요한 청탁을 못 이기는 척 받아들였다.

일본의 패망이 거의 확실해진 왜정말기에는 면장을 하는 것이 친일이라는 인식이 없었다. 나는 양산의 명망가이며 좌익 독립운동가 전병건 선생께서도 면장을 지내신 것으로 알고 있다. 백부와 아버지뿐만 아니라 모든 친정집 사람들이 전병건 선생을 "전면장"이라고 불렀기 때문이다. 백부는 1945년 3월 말까지 양산면장을 하면서 임시정부에 비밀자금을 계속 보냈다. 어린 동생이 허리춤에 전대를 숨기고 구포 근산병원에 드나든 것도 바로 그 무렵이다. 그러면서도 백부는 일본에서 높은 사람들이 찾아오면 북부동 친정집에 초청하여 극진히 환대했다. 이것이 일제시대 우익 독립운동가의 엄연한 현실이었다.

양산에서 친정의 독립운동 내막을 가장 잘 아는 사람은 돌아가신 중요무형문화재 이영우 선생이다. 지금까지 나의 이야기는 이영우 선생의 증언과 완벽하게 일치한다. 그분은 백부의 친구 아들이고 백부가 일제강점기 말엽에 양산면장을 할 때 면사무소에서 서기를 했고 해방 후에는 치과병원을 운영했다. 이영우 선생의 집은 친정집 북부동 362번지에 붙어 있는 360번지인데 백부가 떼어준 북부동 친정집의 땅 일부에 이영우 선생의 아버지가 지은 것이다.

우리가 연희동에 살 때 남편의 서가에서 백부와 의춘상행의 항일행적을 소상하게 다룬 작은 책자를 보고 반가웠다. 내가 팔순을 바라보는 지금 백부와 의춘상행의 항일행적을 이 정도라도 기억하고 있는 것은 장년이 되어 그 책을 보고 백부와 의춘상행의 항일행적에 관한 기억을 새롭게 해두었기 때문이다. 몇 번 이사를 하는 바람에 지금은 그 책이 어디에 있는지 찾을 수 없으나 나중에 또 짐을 정리하다 보면 나오리라 믿는다.

3. 아버지 암살미수사건

아버지(池英大)께서는 1912년 1월 30일 태어나자마자 1백석꾼이 되셨다. 아버지께서 태어나자 할아버지께서 쌀 1백석이 생산되는 논을 강보에 쌓인 아버지 앞으로 떼어놓으신 것이다. 아버지께서는 백부보다 나이가 무려 열네 살이나 어리셨고 백부의 첫째 아들 세룡 오빠와 별로 나이 차이가 나지 않으셨다. 아버지께서는 할머니의 젖이 말라 백모의 젖을 얻어먹고 자라셨다.

아버지께서는 서울에서 중앙고보를 다니는 대단한 음악애호가셨다. 북부동 친정집에는 최고의 성능을 가진 전축과 스피커가 있었고 클래식 음반도 수백 장 있었다. 전축을 크게 틀어서 온 동네 사람들이 음악을 들을 수 있도록 한 경우도 많았다. 언제부터 그랬는지는 모르겠으나 아버지께서 그 많은 음반을 서울 명동 제일백화점 앞에 있는 돌체 음악감상실에 갖다 놓으셨다. 백부가 1950년 11월부터 부산 영도에서 운영한 대한도기에 취직한 동생이 서울에 출장을 자주 갔는데 그때 돌체에서 아버지의 서명이 있는 음반 재킷을 보고 감격한 적이 있다. 부산의 음악감상실들도 아버지의 음반을 자주 빌려갔다.

아버지께서는 172cm의 키에 체격이 건장하셨고 중앙고보 시절부터 해방될 때까지 줄곧 일본 경찰의 요시찰 대상이셨다. 중앙고보 다니실 때 방학이 되면 반드시 친구들을 몰고 내려오셨다. 그들과 함께 양산을 온통 휩쓸고 다니시면서 은근히 반일감정을 뿌려대셨다. 아버지께서 내려오시면 양산의 청년들이 가슴 뭉클한 민족감정으로 마구 술렁거렸다. 일본 경찰은 아버지께서 서울에서 내려오시면 비상을 걸지 않을 수 없었다. 아버지께서는 양산 사람들의 우상이요 영웅이셨다.

	일본 경찰에게 아버지께서는 굉장히 무서운 분이셨다. 아버지께서 고함을 지르시면 마치 벼락 치는 것 같았고 아버지께서 재채기를 하시면 아이가 경기를 할 정도였다. 아버지의 욱旭하고 치솟는 성격 때문에 양산의 일본 경찰은 불안에 떨었다. 일본 경찰은 아버지께 "폭탄(바쿠탄)"이라는 별명을 붙였다. "지에이다이바쿠탄(지영대는 폭탄)." 어릴 때 일본 경찰의 이런 외침을 자주 들었다.

	아버지께서 왜정 때 경찰서장이 유서를 써놓고 부임하는 지역이 딱 두 곳 있었다는 말씀을 종종 하셨는데, 하나는 양산이고 다른 하나는 안성이라고 하셨다. 아버지께서 일본 경찰이 양산을 그토록 무서워했던 것에 대해 자부심을 가지셨다. 지금 안성 미리내 천주교 성지에서 남편과 함께 은퇴생활 하고 있는데 이곳에 '만세'라는 이름을 가진 지명이 많아 아버지 말씀이 새롭다.

	아버지께서는 중앙고보를 졸업하신 후 일본대학교(니혼다이갸쿠) 문학부에 유학하셨다. 유학시절 아버지께서는 매우 풍족하게 사셨다. 집에서 송금한 돈을 찾으려고 우체국에 갈 때마다 송금을 담당하는 우체국 직원의 눈이 휘둥그레질 정도로 아버지는 거액의 유학자금으로 굉장히 풍족한 생활을 하셨다. 일본에서 아버지와 친하게 지내신 염상섭 선생 등이 아버지의 여유로운 삶을 부러워하셨다.

일본에서 학업을 마치고 돌아오신 아버지께서는 『낙동강의 파수꾼』의 저자 김정한 선생 등과 함께 부산과 양산을 오가면서 항일극작가로 활동하셨다. 일본 경찰은 아버지께서 쓰신 시나리오와 아버지께서 연출하신 연극 때문에 골머리를 앓았다. 아버지께서는 일본 경찰의 눈엣가시였고 요시찰 대상이 될 수밖에 없었다.

아버지께서 경찰서에 끌려가셔서 고문을 당하신 적도 있었다. 몽둥이로 두들겨 패는 것은 예사였고 심지어 주전자에 물을 넣고 고춧가루를 풀어 그것을 아버지의 코에 집어넣었다. 그래도 아버지께서는 자백하지 않으셨다. 그런데 아버지께도 남모르는 약점이 있었다. 간지럼을 많이 타셨다. 후일 아버지께서 그때 만일 일본 경찰이 간지럼을 태웠더라면 다 자백했을 것이라고 말씀하셨다.

일본 경찰이 불시에 친정집을 수색하는 경우가 잦았다. 아버지의 시나리오 원고를 찾으려고 경찰이 군화를 신은 채 친정집 안방으로 들이닥쳐 샅샅이 뒤지는 경우도 많았다. 그래서 할머니께서 아버지의 원고를 집안에 두지 않고 뒤뜰의 깊숙한 곳에 묻어둔 항아리에 보관하셨다. 그때 할머니께서 숨겨두신 아버지의 원고가 다 없어져 아쉽다.

나는 초등학교에 들어가기 수년 전부터 대문 밖 골목에서 혼자 공기받기 놀이를 하는 버릇이 있었다. 그것은 어머니께서 시키셔서 친정으로 들어오는 골목 입구를 감시하면서 갖게 된 버릇이었다. 칼을 찬 순경들이 아버지를 잡으러 쳐들어오는 것을 감시하는 역할을 맡은 것이다. 그런데 나의 그 버릇도 별 소용이 없었다. 아버지께서는 수시로 양산경찰서에 수감되셨다. 그때 기억 때문인지 지금도 순경을 보면 겁부터 난다.

초등학교에 들어가기 전부터 나는 수감된 아버지께 사식을 넣으려고 양산경찰서를 수시로 드나들었다. 아버지께서는 유치장에 투옥되지 않으시고 경찰서 안쪽의 깊은 골방에 수감되셨다. 어머니께서 도시락 바닥에 편지를 놓고 그 위에 기름종이를 덮고 그 위에 밥을 퍼놓으셨다. 나는 아버지께서 도시락을 다 드실 때까지 그 무시무시한 경찰서에서 기다려야 했다. 아버지께서 밥을 다 드시고 쪽지 편지를 써서 도시락에 넣어 주시면 그것을 들고 집으로 돌아왔다.

아버지께서도 할머니 못지않게 베푸셨다. 거지와 생계가 어려운 사람들에게 많이 퍼주셨다. 국가가 해야 할 복지사업을 아버지께서 하신 것이다. 비 오는 날 귀가하실 때에는 반드시 기름종이로 만든 그 비싼 우산을 비 맞는 거지에게 주고 오셨다. 친정 선산에는 비석 없는 묘가 많았다. 아버지께서 시장에서 얻어먹다가 얼어 죽은 거지의 시신을 수습하여 묻어주셨기 때문이다. 아버지께서는 저수지를 판다고 하면 반드시 땅을 내어주셨다. 그래서 가끔 친정 동생들이 메운 저수지 땅을 돌려받는다.

3. 아버지 암살미수사건

일본 경찰이 호시탐탐 아버지를 죽일 기회를 엿봤으나 양산과 동래의 청년과 거지들이 아버지를 지켜서 뜻을 이루지 못했다. 아버지께서 집 밖으로 나가시면 양산의 청년들이 따라붙었다. 아버지께서 동래에서 자객에게 쫓기던 중 병막에 뛰어들어 목숨을 건지신 적이 있었다. 그 병막은 기와를 얹은 제대로 된 집이었는데 거지들이 장티푸스를 비롯한 법정 전염병에 걸린 사람과 함께 기거하며 관리하는 곳이었다. 아버지께서 뛰어드시면 거지들이 아버지를 겹겹이 에워쌌고 죽음을 각오하지 않은 자객은 그곳에 들어갈 수 없었다. 그런 일이 자주 있었다.

아버지께서는 거지대장이셨다. 양산에서 아버지의 말씀을 거역하는 거지는 없었다. 거지들은 걸어서 사나흘 거리의 부잣집 길흉사를 꿰었고 연락망을 운영했다. 부잣집에서 길흉사가 벌어지면 거지들이 몰려가서 행패를 부렸기 때문에 길흉사가 있는 집은 반드시 거지들을 위한 음식을 따로 마련해야 했다. 대석리의 갑부 이규홍 선생이 말봉 고모님의 시아버님이신데 그 댁에서 길흉사가 있을 때마다 아버지를 모셔갔다. 아버지 덕분에 거지들은 그 댁에서 좋은 음식을 잘 얻어먹었고 그 댁은 행패를 면했다.

아버지께서는 언제나 소외된 약자의 편이셨다. 아버지께서는 사람 취급도 못 받는 백정을 일반인과 똑같이 대해주셨다. 그들은 의리가 있었고 아버지를 무척 존경하고 따랐는데 종종 시력이 약한 아버지께 드시라고 김이 무럭무럭 나는 갓 잡은 소의 간을 잔뜩 가지고 왔다. 그들은 입는 옷부터 일반인과 확연하게 달랐다. 백정의 여인들은 저고리의 옷고름이 짧았고 치마를 일반 여인들과 정반대로 둘렀다. 양산의 유지들 중에서 아버지 말고는 백정에게 사람대접을 해준 사람이 없었다.

아버지의 내면은 낭만으로 가득했다. 여름이 되면 아버지께서는 "엄풍"과 "명태"라는 별명을 가진 친구들과 함께 자주 산막리 영동마을 샛강 자갈마치에 은어를 잡으러 가셨다. 엄풍이라는 분은 과장을 잘한다고 해서 그런 별명을 얻었고, 명태 아저씨는 몸이 굉장히 야위어서 그런 별명을 얻은 것 같았다.

내가 대여섯 살 먹었을 때 아버지께서 은어를 잡으러 나가시면 아버지 뒤를 쫄쫄 따라간 기억이 있다. 그러다가 아버지께 들키면 아버지께서 나를 안고 다시 집으로 돌아오셨다. 그러기를 몇 번 하다 보면 아버지께서 그만 못 이기시고 이번 한번뿐이라며 산막리 영동마을 샛강 자갈마치로 나를 업고 가셨다. 그런 경우가 자주 있었고 그럴 때마다 나는 굉장히 신이 났다.

그때 아버지께서 구워주신 은어는 정말 맛이 좋았다. 아버지와 엄풍 아저씨가 은어를 잡는 동안 명태 아저씨는 수박과 참외를 가져왔고 대나무를 여러 토막으로 잘라서 자갈마치의 모래사장에 박아놓았다. 아버지와 엄풍 아저씨와 명태 아저씨는 박아놓은 대나무에 은어를 꽂아 놓고 연기를 피워 훈제를 했다. 그 은어구이 맛은 지금도 잊을 수 없다.

아버지께서는 대단한 원예가이기도 하셨다. 동래에 있는 친정의 매화밭에 씨 없는 수박을 개발하신 우장춘 박사께서 자주 오셨다. 그때 아버지께서 우장춘 박사로부터 여러 가지 꽃과 작물 키우는 방법과 비료 만드는 방법을 체계적으로 배우셨다. 꽃 중에도 수국, 달리아, 옥잠화, 그리고 국화를 키우는 데에는 일가견이 있으셨고 작은 수박만 한 크기의 국화를 키워내기도 하셨다. 양산천 모래사장 그 방대한 하천부지에 토란, 땅콩, 수박, 참외, 파 등을 심었고 모래를 파서 양어장도 크게 하셨다. 아버지께서 키우신 참외와 수박은 당도만 높은 것이 아니라 향기도 매우 좋았다. 비결은 깻묵을 발효시켜 만든 비료에 있었다. 그때의 풍족한 삶이 눈에 선하다.

아버지께서는 감수성이 예민하셨다. 어디선가 흐느끼는 소리가 들린다 싶으면 이미 아버지의 눈에 눈물이 그렁그렁했다. 해방 전후에는 언제 어디서든지 사람들의 흐느끼는 소리를 들을 수 있었다. 배고프고 억울하고 차마 죽지 못해 목숨을 부지하는 사람이 많았다. 아버지께서는 굶는 사람을 보면 반드시 음식을 주셨고 곤경에 처한 사람을 만나면 반드시 그 곤경을 나누셨다. 이웃의 산모가 아이를 낳고 먹지 못하고 있다는 말을 들으면 미역에 쌀에 마구 퍼주셨다.

해방 전후로 기억된다. 삯바느질하는 어떤 아주머니에게 운경이라는 머리가 굉장히 좋고 나이가 열다섯 살쯤 되는 아들이 있었다. 운경은 머리만 좋은 것이 아니라 얼굴도 아주 잘생겼고 기골이 장대했다. 그렇게 인물 좋고 머리 좋은 사람이 또 태어나기는 어려울 것 같았다. 운경은 홀어머니와 살면서 부산상고에 통학을 했다. 그런데 어느 날 갑자기 운경이가 그만 미쳐버렸다. 어디선가 굉장히 큰 충격을 받은 것 같았으나 머리가 너무 좋아서 미쳤다고 믿는 사람도 있었다. 운경은 아무 데서나 자꾸 옷을 벗어던졌고 아무에게나 폭력을 휘둘렀다. 정신과 치료를 받았으나 운경의 병세는 좋아지지 않았다. 사람들이 그의 다리에 쇠사슬을 묶었다. 그는 다리에 쇠사슬을 한 채 날마다 혼자 온 양산을 쏘다녔다. 아무도 그를 사람취급하지 않았고 아무도 그를 막을 수 없었다.

그해 늦가을 아버지께서 운경과 함께 그의 고뇌와 고통을 나누시는 장면을 목격했다. 추수가 끝나면 논에 볏짚을 원추형으로 쌓아둔다. 그런데 아버지께서 그 속을 파서 공간을 만드셨다. 그 속에서 아버지께서 운경과 머리를 맞대고 앉아 계셨다. 그날 아버지와 운경은 하루 종일 무슨 말을 주고받았다. 아버지의 얼굴에 온통 눈물이 번져 있었다. 운경은 결국 양산에서 객사했다. 너무나 아까운 죽음이었다.

양산시에서 물금읍으로 나가려면 양산천 위에 걸려있는 영대교라는 다리를 건너야 한다. 이것은 일제시대 말기에 어머니께서 허리춤에 전대를 찬 동생과 함께 구포 근산병원으로 갈 때에 건넜던 바로 그 다리인데 지금도 이름은 그대로 영대교다. 지금 이 철근콘크리트 다리가 왕복 4차선으로 확장되었고 그 위에 멋진 철제아치가 걸려 있다. 요즘 밤이면 영대교에서 형형색색의 오색찬란한 레이저쇼가 벌어져 장관이 연출된다.

이 다리가 아버지 이름을 따서 영대교라는 이름을 갖게 된 것은 아

3. 아버지 암살미수사건 51

버지께서 사비를 들여 이 다리를 개축하셨기 때문이다. 원래 이 다리는 왜정 때 나무로 지어졌고 그때 이름은 국계다리였는데 장마철이면 물에 쓸려 내려가기 일쑤였다. 그래서 아버지께서 사비를 들여 이 다리를 왕복2차선 철근콘크리트 다리로 개축하셨다.

그때가 해방 직전이었다고 기억되는데 한여름이었던 것은 분명하다. 아버지의 단짝 친구 명태 아저씨가 북부동 집으로 나를 찾아왔다.
"정수야!"
"예."
"지금 빨리 영대교 다리 밑에 가봐라."
"왜요?"

그때 영대교 다리 밑은 절대로 가면 안 되는 곳이었다. 거기는 나환자들이 모여 사는 곳이었다. 그래서 양산 사람들은 영대교 다리 밑에는 얼씬도 하지 않았다.

명태 아저씨가 말했다. "지금 빨리 낙차 둑에 가봐라. 아버지가 지금 거기서 잔치한다." 낙차 둑은 영대교에서 하류 쪽으로 조금 내려가면 있는 곳이다. 아버지께서 그곳에 계신다고 해서 벌벌 떨면서 그쪽으로 갔다. 강둑에 몸을 숨기고 고개를 내밀었다. 몸이 계속 덜덜 떨렸다.

정말 아버지께서 그곳에 계셨다. 수십 명의 나환자들이 나무로 된 사과상자 위에 음식을 올려놓고 그것을 중심으로 둘러앉아 있었다.

아버지께서 거지대장이라는 말은 자주 들었고 또 그것이 사실임을 확인했다. 그러나 아버지께서 나환자의 대장이라는 말은 곧이듣지 않았다. 그런데 그날 그것도 사실임을 확인한 것이다. 그날 아버지께서 나환자들과 무슨 놀이를 하시는 것 같았다. 명태 아저씨가 내 옆에 다가왔다. "오늘 문둥이 잔칫날인데 아버지가 주례다."

나중에 아버지에게 들었는데 그날 영대교 밑에서 실제로 나환자들의 결혼식이 있었고 아버지께서 주례를 서신 것도 사실이었다. 천으로 눈을 가린 남자 나환자들이 여자 나환자들을 잡으려고 이리저리 뛰어다녔다. 남자 나환자가 여자 나환자를 잡으면 바로 짝이 지어졌다. 그러면 아버지께서 사과상자 앞에서 주례사를 하셨고 성혼을 선언하셨다. 충격이었다. 그날 그렇게 탄생된 나환자 부부들이 걸식 나가는 것까지 보고 집으로 돌아왔다. 그날 밤 아버지께서 집에 들어오셨는데 아버지를 이리저리 피해 다녔다.

해방되기 오 년 전 늦은 가을 어느 날 해질 무렵이었다. 양산초등학교 후배 황학수의 외삼촌이 북부동 친정집 대문 앞에서 아버지를 기다리고 있었다. 아버지께서 함께 다니시는 청년들과 북부동 집으로 들어가는 골목 입구에 접어들자 황학수의 외삼촌이 허리를 숙이고 아버지께 다가왔다.

그분이 아버지께 며칠 후에 선을 보러 가는데 양복이 없다면서 빌려달라고 청했다. 그때까지만 해도 양산에서 제대로 된 양복을 입고 다니는 사람이 아버지 말고는 없었다. 아버지께서 두말하지 않으시고 그분께 입고 계시던 양복과 와이셔츠와 나비넥타이와 신고 계시던 구두 그리고 항상 쓰시던 헌팅캡까지 몽땅 벗어 주셨다. 빌려주시지 않고 그냥 주셨다. 그날 저녁 어머니께서 사리마다(팬티) 바람에 맨발로 들어오시는 아버지를 서둘러 이불호청으로 감싸시던 모습이 눈에 선하다. 그전에도 그런 일이 간혹 있었다.

그런데 바로 그 다음날 저녁에 황학수의 외삼촌이 칼에 맞아 죽는 사태가 벌어졌다. 그날 그분은 아버지께서 주신 양복 차림으로 남부동의 한 초상집에 가서 문상을 마치고 식사를 하고 있었다. 그런데 느닷없이 키가 180cm나 되고 어깨가 떡 벌어진 아주 건장한 사람이 나타나 다짜고짜 황학수의 외삼촌의 등을 칼로 마구 난도질했다. 순식간에 초상집이 온통 피범벅으로 변했다. 살인범이 옥곡 쪽으로 도망치는 것을 봤다는 목격자들이 잇달아 나타났다. 그리고 몇 시간 만에 청년들이 옥곡에 있는 자신의 집에 숨어서 떨고 있는 살인범을 붙잡았다. 안상직이라는 사람이었다.

"지영대가 죽었다!" "아! 지영대가 죽었다!" "지영대, 지영대가 죽었다!" 그날 저녁 삽시간에 읍내는 물론이고 멀리 원동면 배내 골까지 황학수의 외삼촌이 아니라 아버지께서 돌아가셨다는 소문이 쫙 퍼졌다. 그때 양산에 양복을 제대로 갖춰 입고 다니는 사람은 아버지밖에 없었는데 양복을 입은 사람이 죽었으니 아버지가 죽었다는 소문이 날 만도 했다.

양산읍내에는 아버지께서 돌아가셨다는 헛소문을 듣고 울부짖고 흐느끼는 사람들도 있었다. 그때 양산에는 언젠가는 아버지께서 이런 테러를 당할지도 모른다고 걱정하는 사람이 적지 않았다. 그런데 아버지께서 돌아가셨다는 소문이 도니까 결국 올 것이 왔다면서 사실로 받아들인 것 같았다.

그때 아버지께서는 북부동 친정집 근처에서 청년들과 함께 소주를 마시면서 식사를 하고 계셨다. 갑자기 수많은 사람들이 당신을 지나쳐 내달리면서 당신이 죽었다고 소리를 질러대어 어리둥절해하셨다. 아버지께서 달리는 사람들에게 외치셨다. "여보시오! 나 여기 있소!" 사람들은 아랑곳하지 않고 친정집을 향해 달렸다. 문득 아버지 머릿속에 이런 생각이 스쳐지나갔다. "엇! 어머니께서 내가 죽었다는 소식을 들으시면⋯⋯."

많은 사람들이 끊임없이 북부동 친정집으로 몰려들었다. 이미 친정집 마당은 사람들이 꽉 들어차 만원 지하철 안처럼 꼼짝도 할 수 없었다. "지영대가 죽었다!" 북부동 집 안팎을 가득 메운 사람들이 발을 동동 구르면서 아버지가 돌아가셨다고 마구 고함을 질러댔다. 온 동네가 떠내려갈 듯했다.

아버지께서 기를 쓰고 운집한 사람들을 헤집고 대문을 지나 겨우 마당에 들어서셨다. 할머니께서는 대청마루에 우뚝 서서 마당에 들어찬 사람들을 내려다보고 계셨다. 아버지께서 할머니의 모습을 자세히 들여다보셨다. 할머니께서는 마당에 모인 사람들을 한 사람씩 응시하고 계셨다. 아버지께서는 마당 맨 뒤쪽에서 빽빽하게 들어찬 사람들

속에 끼어 할머니께서 쓰러지실까 봐 발을 동동 구르셨다. 아버지께서는 고래고래 소리를 지르셨다. "어머니! 영대 안 죽었습니다!" "어머니! 영대 살아있습니다!" "어머니, 저 여기 있습니다!"

한참을 그러시다가 할머니께서는 마당에 들어찬 사람들 속에서 마구 소리를 질러대는 아버지와 눈이 딱 마주치셨다. 바로 그때 아버지께서 소리를 버럭 지르셨다. "어머니요! 저 영대 안 죽었습니다!" "어머니, 저 여기 살아 있습니다!" 할머니의 입에서 안도의 한숨이 새어나왔다. "아이고, 영대야……" 할머니께서 주저앉으셨다.

살인범 안상직은 만석꾼 김주완의 논 100마지기를 붙여먹는 소작농이었다. 그는 청년들 앞에서 범행동기를 순순히 털어놓았다. 김주완이 안상직에게 아버지를 죽이면 그가 소작하는 논 100마지기를 주겠다고 약속했다. 그래서 아버지의 양복을 입고 있는 황학수의 외삼촌을 아버지로 오인하여 죽인 것이다.

수십 명의 청년들이 황학수의 외삼촌 시신을 만석꾼 김주완의 집 마당으로 모셔갔다. 그들은 신발을 신은 채로 김주완의 집 안방으로 들어갔다. 장롱 문을 확 열고 이불을 끄집어내어 호청을 뜯어 모셔온 황학수의 외삼촌 시신을 덮었다.

그 살인사건은 아버지께서 오래 전부터 김주완의 눈에 든 가시였다는 사실을 만천하에 알리는 계기였다. 적어도 양산에서는 없는 사실을 만들고 거짓을 꾸며 부당한 이득을 취하는 데에 김주완을 따라갈 사람이 없었다. 많은 사람들이 김주완의 농간에 넘어가서 낭패를 봤다. 그런데 유독 아버지에게는 김주완의 수작이 통하지 않았다. 아버지께서 김주완의 농간을 꿰뚫어 보고 무산시켜 오히려 김주완이 낭패를 본 경우가 많았다. 그가 아버지를 죽이지 않고는 양산에서 만석꾼 행세를 할 방법이 없었다. 아버지를 죽여야 할 동기가 충분했던 것이다.

왜정시대는 무법천지였다. 아버지의 살해를 교사한 김주완과 황학수의 외삼촌을 죽인 안상직은 아무런 처벌을 받지 않았다. 그때는 법질서가 그 정도밖에 되지 않았다. 할머니께서 아버지 대신 희생된 황학수의 외삼촌 제삿날을 기억하셨고 제사상을 만들어 보내주셨다. 아버지께서 그 댁 제삿날에 가셔서 제주 노릇도 하셨다. 2011년 4월 양산초등학교 100주년 기념식장에서 황학수가 남편에게 찾아와 나의 안부를 물었다.

왜정 때 사람을 죽이고도 처벌받지 않았던 안상직은 6·25전쟁 때 길에서 말을 잘못해서 죽었다. 양산에서도 보도연맹에 관련된 양민학살이 있었다. 그때 안상직이 트럭으로 사람들이 짐짝처럼 실려 나가는 것을 보며 말했다. "양산에 억울한 사람 많이 죽는다." 그런데 누군가 안상직이 이런 말을 했다고 경찰서에 밀고했다. 그래서 그도 끌려가서 죽었다. 지금 안상직은 양산의 독립운동가로 둔갑해 있다.

4. 이승만 대통령이 아버지께 보낸
   양산의 초대 교육감 사령장

　1919년 3·1만세운동이 부산과 경남에서는 크고 작은 지주들의 민족적 자각을 불러일으키는 데 그치지 않고 노동자와 농민들이 민족적 자각과 계급적 자각을 토대로 노동운동과 농민운동을 폭발적으로 전개하는 계기가 되었다.[1] 노동자와 농민의 고양된 민족의식과 계급의식이 소작쟁의와 동맹파업 등으로 나타나기도 했다. 1920년대 경남은 전남 못지않게 많은 소작쟁의가 발생했고 동맹파업은 경기도 다음으로 많았다.

　3·1만세운동 이후 1920년대에 경남의 진보적인 지식인들이 노동자와 농민의 활발한 운동에 고무되어 기존의 우파 민족운동에서 벗어나 노동자 및 농민과 함께 어우러져 청년단체를 결성하여 민족해방운동의 차원으로 나아갔다.[2] 3·1만세운동에서 지식인, 청년, 학생들의 역

---

[1] 신종대, 「부산·경남지방의 해방정국과 인민위원회에 관한 연구」, 경남대학교 정치학 석사학위논문(1991.12), 11~12쪽. 이 장에서 필자가 언급하는 사건들은 특별한 언급이 없는 경우에는 신종대 교수의 석사학위논문에서 인용한 것이다.

할이 두드러졌던 진주·마산·동래·김해·울산·창원·사천·밀양·양산·통영 등지에서는 청년단체들이 결성되어 지역운동의 구심체가 되었다.

"양산청년회"가 조직되자 아버지께서는 중부동과 남부동 사이에 있는 아버지 소유 밭에 지은 극장을 양산청년회에 기증하셨다. 지금 그 자리에 양산교육청이 들어서 있다. 이기주, 엄주태, 엄주화가 양산청년회의 중심인물이었다. 건국훈장 애족장을 받은 엄주태 선생은 할머니의 조카이며 또한 건국훈장 애족장을 받은 엄진영 선생의 조카뻘이다.

3·1만세운동을 주도한 일부 지도자들은 1920~1930년대에 사회주의 이념을 통해 항일운동과 민족해방운동을 전개했다.[3] 그들은 사회주의가 진정한 민족주의라고 믿었던 것 같다. 1924년에는 마산공산청년회와 마산공산당이 결성되었다. 진주에는 강달영, 거제에서 윤일이 공산주의 활동을 했다. 1931년 5월 중국에 있는 박헌영이 김형선과 이승엽을 통해 경남도당을 재건했다. 1934년 7월부터 하필원, 강동주, 이상조 등이 합천·마산·김해·하동 등지에서 공산주의 활동을 했다. 울산에서는 1934년 이강동과 박상선 등이 적색독서회를 조직하여 활동했다.

1927년 2월 신간회가 결성되었다. 신간회는 3·1만세운동 이후 사회

---

[2] 위의 글, 11·13쪽.
[3] 위의 글, 14쪽.

주의자들이 대거 등장하여 발생한 독립운동전선의 사상적 분열과 혼란을 막고 민족진영과 공산진영간의 통일전선을 구축하기 위해 만들어진 것이다.[4] 경남에 1927년 12월 15개의 신간회 지회가 설립되었고 1931년에는 19개로 증가했다. 신간회 지회가 없는 경남지역은 네 곳뿐이었다. 양산에서는 전병건(전혁), 김철수, 이기주 등이 지회를 운영했다. 백부도 처음 신간회가 생겼을 때에는 부회장을 맡아 적극적으로 활동했다.

양산에서도 사회주의 세력이 기층민중과 함께 적색농조와 적색노조를 조직했고 이를 통해 항일투쟁을 이어갔다. 1932년 2월 양산에서 "일제의 간담을 서늘케 한"[5] 경남지방 최대의 적색농민운동이 발생했다.[6] 이를 주도한 전병건(전혁) 선생은 6·25전쟁 때 사회주의자로 분류되어 양산경찰서에서 처형되었으나 1990년에 건국훈장 애족장이 추서되었다. 전병건 선생은 특히 아버지와 친했다.

드디어 1945년 8월 15일 고대하던 해방이 찾아왔다. 일제의 억압 아래 잠재되었던 변화에 대한 정치적·경제적 그리고 사회적 열망이 폭발적으로 표출되었다.[7] 자주적인 민족국가와 자립적 민족경제를 만들고 부일·친일 풍토를 청산하고 근대적 자유와 평등을 실현하려는 욕구가 팽배했다. 감옥과 유치장이 열렸고 축하행렬이 시가지를 누볐

---

[4] 위의 글, 14쪽.
[5] 이것은 아버지께서 자주 사용하신 표현이다.
[6] 신종대, 앞의 글, 16쪽.
[7] 위의 글, 18~19쪽.

다. 각지에서 해방축하대회, 군민대회, 광복면민대회 등이 열렸다. 거제도에서는 8월 17일 거제도민들이 도민대회를 개최한 후 거제경찰서와 행정기관을 접수했다.[8] 부산과 경남지방은 일본과 중국 등지로부터 돌아오는 귀국선, 이를 맞으려고 서울을 비롯한 다른 지방에서 찾아온 사람들, 그리고 해외에서 독립투쟁을 하던 사람들이 뒤엉킨 공간이었다.[9] 귀국선이 들어오면 경향 각지에서 조직된 환영단이 나와 태극기를 흔들었고 대한독립만세를 외쳤고 애국가 그리고 아리랑을 소리 높여 불렀다. 부산과 경남은 귀환동포의 유입으로 인해 실업률이 타 지역에 비해 높았고 식량이 부족했다.

8월 17일 조선건국준비위원회(이하 건준) 경상남도지부가 결성되었다.[10] 이날 오후 7시 동래 온천장에 있는 동운관에서 건준 경남도지부 발기총회가 개최되었다. 경남 각 지역에서 온 대표들이 자신의 일을 외세의 간섭을 받지 않고 자신의 뜻에 따라 처리할 수 있다는 사실에 감격했다. 중앙의 건준과 마찬가지로 건준 경남도지부도 민족반역자와 친일파를 제외한 다양한 이념적 스펙트럼을 지닌 인사로 구성되었으나 초기부터 좌파가 주도권을 쥐고 있었던 것은 사실이다.

그러나 양산에서는 우익인사 백부가 건국준비위원회의 초대 양산위원장으로 임명되었다. 그런데 9월 6일 건국준비위원회가 전국인민대표자대회를 개최하여 인민공화국으로 개편되었고 지방의 건준 지부들

---

[8] 위의 글, 21쪽.
[9] 위의 글, 22쪽.
[10] 위의 글, 24~27쪽.

이 인민위원회로 개편되었다.[11] 양산에서도 건국준비위원회가 인민위원회로 바뀌었고 위원장도 백부에서 중도좌익 명망가 전병건(전혁) 선생으로 바뀌었다.

그때 아버지께서는 백부와 비슷한 연배의 전병건 양산인민위원장과 거의 매일 붙어 다니셨다. 아버지께서 "[당신이] 좌익이 아니었음에도 불구하고 일제하에서부터 지난한 민족해방운동을 지속해 온 전혁(전병건) 등 [양산 출신] 좌익들을 존경하고 있었다"고 증언하셨다.[12] 전병건 선생은 키가 180cm 정도로 컸고 얼굴도 잘생긴데다 부자였으나 무슨 영문인지 좌익사상을 가지셨다.

아버지께서 그때 양산의 "인민위원회 지도부가 모두 좌익은 아니었지만 주도권은 어디까지나 좌익이 쥐고 있었다"고 증언하셨다.[13] 아버지께서는 그것이 우익인사의 몰염치한 행동 때문이라고 믿으신 것 같다. 아버지께서 경남도지사까지 지낸 양산의 우익인사 "김ㅇㅇ가 건준의 기금을 빼돌려 부산으로 갔기 때문에 건준 소속 청년들이 김ㅇㅇ에 대해 살해를 기도하기도 했다"는 증언을 남기셨다.[14]

8·15해방 직후 전국적으로 가장 시급한 당면문제는 치안유지였다. 일본의 군대와 경찰은 권위를 잃었으나 그들의 권위를 대체할 미국

---

[11] 위의 글, 39쪽.
[12] 지영대 선생 증언(1991.10.2) ; 위의 글, 58쪽 각주 131).
[13] 지영대 선생 증언(1991.10.2) ; 위의 글, 59쪽 각주 136).
[14] 지영대 선생 증언(1991.10.2) ; 위의 글, 59쪽 각주 132).

군사정부는 아직 들어오지 않았다. 정부가 없는 무정부상태(anarchy), 즉 치안부재상태였다. 일본인에 대한 조선인들의 보복이 빈번하게 일어났고 이에 대응하는 일본군의 무력행사가 난무했다. 특히 부산과 경남 지역은 식량이 부족하고 실업률이 높아 치안유지의 필요성이 절실했다.

9월 16일 미군이 부산에 진주할 때까지 동래 영주동의 일본군 요새사령부는 아까쯔끼부대를 초량초등학교에 두었고 일본인의 생명과 재산을 보호한다면서 위협적인 라디오방송을 하고 있었다.[15] 마산에서도 일본군부대 지휘관들이 일본군의 생명과 재산을 위협하고 탈취하는 행위를 막는다면서 건국준비위원회 마산시위원회 사무실을 포위하고 위협했다.[16] 조선인의 보복행위가 연이어 발생했고 8월 19일 철수하던 아까쯔끼부대가 돌아와서 상부지시가 있을 때까지 일본인들이 경찰서와 행정기관의 업무를 계속 맡을 것이라고 호언했고 보복행위를 한 사람들을 검거했다.[17]

그런데 부산에서는 8월 15일 해방이 되자마자 거의 즉각적으로 자발적 치안대가 조직되기 시작했다.[18] 군수공장의 근로청년들이 치안유지의 필요성을 절감하여 치안대를 조직했고 서면 제1기계공장에 본

---

[15] 부산직할시사편찬위언회, 『부산시사』 제1권, 1989, 1055쪽 ; 신종대, 위의 글, 19쪽 각주 7)에서 재인용.
[16] 마산시사편찬위원회, 『마산시사』, 1985, 112쪽 ; 신종대, 위의 글, 23쪽 각주 8)에서 재인용.
[17] 거제군지편찬위원회, 위의 책, 319쪽 ; 신종대, 위의 글, 23쪽 각주 9)에서 재인용.
[18] 신종대, 앞의 글, 24쪽.

부를 두었다. 치안대청년 수백 명은 8월 15일 저녁 즉각적으로 치안활동에 들어갔다. 그들은 부산에 주둔하고 있는 일본군대가 시민을 해치는 것을 막았고 일반치안업무도 담당했다.

9월 1일에는 기존의 치안대조직을 총괄하는 보다 강력한 치안조직 치안사령부가 부산에서 발족되었다.[19] 초창기 병력은 부산상업고, 동래고, 부산2중(현 경남고) 재학생과 졸업생 그리고 공장 노동자 500여 명이었다. 본부는 초량상업학교에 두었고 산하에 각 부서를 두었고 각 지구별로 치안대가 조직되었다.

부산의 치안사령부는 19일부터 경상남도 경찰국과 경찰서와 파출소를 접수했다.[20] 치안대원과 간부들은 팔에 치안대 완장을 차고 일본군도와 권총을 휴대했고 일본군 차량을 이용했다. 치안대는 횡포를 부리는 위협적인 일본군으로부터 시민을 보호했고 일본인들이 물자를 일본으로 빼돌리는 것을 막았다. 당시 가장 중요했던 식량확보와 귀환동포구호에도 앞장섰다. 치안대는 권력공백의 해방공간에서 질서확립에 성공했다.

부산의 치안사령부는 일부 경남의 치안도 맡았다.[21] 대원이 약 3천 명으로 증가했고 시내 각지에 12개의 지부를 두었고 경찰서와 파출소

---

[19] 위의 글, 27~28쪽.
[20] 부산직할시사편찬위원회, 앞의 책, 313~314쪽 ; 신종대, 위의 글, 27~28쪽 각주 21)과 23)에서 재인용.
[21] 『민주중보』 1945년 9월 20일 ; 신종대, 위의 글, 28쪽 각주 26)에서 재인용.

에서 소총, 엽총, 권총 등을 징발하여 보유했다. 치안대는 시민의 신망을 얻고 있었다.

양산에서는 아버지께서 치안대장과 의용소방대장으로 임명되셨다. 치안대 부대장 최성창은 일본군 헌병 출신이었는데 일본군으로부터 징발한 무기류와 일본군을 관리하는 실무를 맡았다. 나중에 이태리타월과 부산 아리랑관광호텔을 경영하여 성공한 김필곤, 부산에서 경찰관이 된 이이주, 그리고 전병건 선생의 사위 이시찬도 치안대 대원이었다. 양산의 치안대는 왜정 때 친정집에 붙어 있는 1천5백여 평의 마당을 내주어 지은 일본인소학교에 들어 있었다.

양산의 치안대는 일본인에 대한 보복행위를 철저히 금했다. 그래서 양산에서는 일본인에 대한 보복행위와 재산침탈행위가 한 건도 발생하지 않았다. 아버지께서는 그것을 늘 자랑스러워하셨다. 그런데 치안대 내부에서는 한국인들 간에 갈등이 있었다. 친정에서 머슴살이를 하던 사람이 낮잠을 자고 있는 치안대 부대장 최성창의 머리를 도끼로 찍어 죽이는 사건이 발생했다. 치안대가 징발하여 관리하던 일본군의 말을 그 사람이 몰래 타곤 한 모양인데 이를 둘러싼 다툼이 살인사건으로 번진 것이다.

한편 1945년 9월 9일 미 제24군단이 서울에서 조선총독부 건물에 성조기를 게양하고 경인지구의 행정기관과 관청을 접수한 후 나머지 각 지방의 행정권을 접수하기 시작했다.[22] 일본인 관리들은 인수인계를 하면서 미 군사정부 관리들에게 경상도 사람들은 믿을 수 없고 반항

적이며 공산주의사상을 신봉하는 조선 사람들에게 행정을 맡기면 조선이 공산화되어버릴 것이라고 충고했다.[23] 그것이 올바른 지적이었는지는 잘 모르겠으나 일본인 관리들은 당시의 상황을 그렇게 판단하고 있었다.

9월 14일 미 군정장관 아놀드 소장이 전국에 산재한 치안대를 불법적 경찰력 행사단체로 간주하고 즉각 해산하라는 명령을 내렸다.[24] 부산의 치안사령부를 비롯하여 경남 각 지역의 치안대가 미군에 의해 완전히 해산되었다. 그리고 자리가 비어 있는 경남 각 경찰서의 서장 및 경무 주임 자리에 왜정 때 경찰로 근무했던 한국인들을 임명하여 미군정보조관으로 일하게 했다.

10월 말에 미국 군사정부가 왜정 말기에 양산면장을 지낸 백부를 양산군수로 임명했다.[25] 미군정은 양산뿐만 아니라 경남의 다른 지역에서도 왜정 때 관리를 지낸 사람들을 군수로 임명했다. 11월 1일에는 부산에 본부를 설치한 98군정대가 경상남도 전역의 군정임무를 시작했다.

한편 미국 군사정부는 해방 후 경남의 행정기관을 장악하고 인사권

---

[22] 신종대, 위의 글, 71쪽.
[23] Bruce G. Cumings, *The Origins of the Korean War: Liberation and Emergence of Separate Regimes, 1945-1947*, Princeton: Princeton University Press, 1981, p.319.
[24] 신종대, 앞의 글, 73~74쪽.
[25] 위의 글, 73쪽.

을 행사해온 인민위원회를 해체하기 시작했는데 이것이 특히 경남에서는 엄청난 혼란으로 이어졌다.[26] 경남 창녕군 길곡면 인민위원장을 지낸 신영갑은 미군이 진주하기 전에 경남의 각 군의 행정권을 인민위원회가 완전히 접수했다는 증언을 했다.[27] 인민위원회가 군수와 경찰서장을 임명했고 행정을 맡았다는 것이다. 이러한 사정은 양산에서도 마찬가지였다.

다른 지역의 인민위원회와 달리 경남 각 지역을 장악한 인민위원회는 인민위원회를 해체하라는 미군정의 명령을 일체 따르지 않았고 심지어 무력으로 맞서는 사태가 벌어졌다.[28] 다른 지역과 달리 경남에서는 미군정과 인민위원회의 무력충돌로 인한 혼란이 해를 넘겨 이듬해 1946년 초까지 이어졌다.

경남 각 지역에서 미군정과 인민위원회가 군청의 행정권을 뺏고 빼앗기는 사태가 반복적으로 발생했다.[29] 군청을 접수한 미군이 철수하면 인민위원회가 다시 들어가 군청을 접수해서 미군정이 임명한 관원을 가둬버리기도 했다. 그러면 미군이 다시 들어가서 그들을 풀어놓았다. 이런 사태가 하동, 통영, 고성, 함안 등 여러 군에서 거듭되었다.

양산에서도 이와 똑같은 일이 벌어졌다.[30] 양산군청을 접수하고 백

---

[26] 위의 글, 78쪽.
[27] 신영갑 선생 증언(1991.9.3) ; 위의 글, 79쪽 각주 34).
[28] Cumings, 앞의 글, p.321.
[29] 신종대, 앞의 글, 79~80쪽.

4. 이승만 대통령이 아버지께 보낸 양산의 초대 교육감 사령장   67

부를 군수로 임명한 미군이 철수하자 왜정말기에 양산면장을 지낸 것으로 보이는 양산인민위원장 전병건 선생이 군청을 접수하고 백부를 내쫓았다. 그러자 미군정이 군청을 접수하여 전병건 선생 등을 체포하고 백부를 군수로 복직시켰다. 이때 아버지께서 인민위원장 전병건 선생과 함께 양산군청에서 미군에게 저항하시다가 군청불법접수혐의로 체포되셔서 2년형을 선고받으셨다는 미 군정청 기록이 있다.[31]

아버지께서는 기차에 실려 대구형무소로 끌려가던 중 소변보러 간다면서 감시하던 미군병사의 눈을 잠시 피했고 달리는 기차에서 뛰어내려 도망치셨다.[32] 뛰어내린 곳은 삼랑진역 근처였다. 탈출한 아버지께서는 그날로 부산 초량동에 있는 둘째 이모네 집으로 가셨고 그곳에서 어머니와 함께 지내셨다. 바로 그 무렵 콜레라가 돌았고 할머니께서 나를 초량 둘째 이모네 집에 보내셨다. 잠깐 동안이었으나 그곳에서 아버지와 어머니와 함께 오붓하게 행복한 시간을 보냈다.

얼마 후 아버지께서 미군정에 체포되셨으나 중앙고보 시절 변영태 선생(1951년 외무부 장관 취임)에게 배운 영어 덕분에 좌익으로 몰리는 것을 모면하셨다. 일제는 아버지를 광포한 사회주의자로 그려놓았고 미군이 가지고 있었던 아버지에 관한 기록은 전부 일제가 만든 기록의

---

[30] G-2 Periodic Report, no.44 (24 October 1945) ; no.47 (27 October 1945) ; 위의 글, 79쪽 각주 35).
[31] G-2 Periodic Report, no.91 (10 December 1945) ; 신종대, 위의 글, 79쪽 각주 36).
[32] 지영대 선생의 증언(1991.10.2) ; 신종대, 위의 글, 79쪽 각주 36).

영역본에 불과했다. 아버지께서는 조목조목 잘못된 부분을 바로잡으셨고 아무런 처벌을 받지 않으시고 무사히 풀려나셨다.

미군정의 수배가 풀리자 아버지께서 양산으로 돌아오셔서 고등공민학교를 만들어 가난한 청소년들의 교육에 앞장서셨다. 고등공민학교는 초등학교를 졸업하고 중학교에 진학하지 못한 사람들에게 중학교 과정을 교육시키는 곳이다. 해방 직후 아버지께서 지금 양산교육청이 있는 자리에 극장을 지어 양산청년회에 기증했는데 이것이 해산되자 거기에 고등공민학교를 만들어 운영하신 것이다. 성악가 엄정행의 부친 엄영섭 선생님이 양산교육위원장을 지내실 때 아버지께서 그분의 부탁을 받고 그 극장을 국가에 헌납하셨다.

아버지께서 설립하신 양산고등공민학교 출신들 가운데 우체국 직원이 된 최성일이라는 사람이 있었는데 그의 어머니가 독실한 기독교인이었다. 그는 남의 집에 세 들어 살았는데 노망 난 할머니가 바람벽에 똥칠을 하는 바람에 쫓겨나서 오갈 데가 없게 되었다. 아버지께서 보다 못해 친정 부엌에 붙어 있는 콩나물 기르는 방을 비워 최성일과 그의 가족이 들어와 살게 했다. 오랫동안 친정에서 함께 살면서 남에게 퍼주는 아버지를 지켜본 최성일의 어머니가 말했다. "선생님 베푸시는 것이 꼭 예수님 닮았다." 아버지께서는 말년에 주로 연희동 우리 집에서 정원을 가꾸며 소일하셨는데 그때 최성일을 포함한 양산고등공민학교 졸업생들이 종종 찾아와 행복한 시간을 보내셨다.

아버지께서 1953년 4월 5일부터 1954년 3월 21일까지 양산의 초대

4. 이승만 대통령이 아버지께 보낸 양산의 초대 교육감 사령장

교육감을 지내셨다. 이승만 대통령이 양산에서 고등공민학교를 운영하시는 아버지를 양산의 초대 교육감으로 임명하는 사령장을 보낸 것이다. 친정식구들이 둘러앉아 신기하다는 듯 그 사령장을 구경했다. 지금은 양산처럼 작은 도시의 교육행정책임자를 교육장이라고 부르지만 그때는 교육감이라고 했고 이승만 대통령이 보낸 사령장에도 교육감이라고 되어 있었다.

아버지께서 교육감을 하실 때 백부에게 장학회를 하자고 권하셔서 "노암장학회"가 만들어졌다. 아버지 덕분에 조대성을 비롯한 양산의 수재들이 노암장학회의 도움을 받았다. 조대성은 찢어지게 가난했으나 머리가 좋아 서울의 명문대에 합격했다. 아버지께서 할아버지 산소에 있는 아름드리 소나무를 베어 만든 돈으로 그의 등록금을 대주셨고 그를 노암장학회에 넣어주셨다. 그런데 조대성은 아버지를 핍박하는 백부의 앞잡이 노릇을 했다.

아버지께서 교육감을 하신 덕분에 나는 풍부한 교육환경에서 자랐고 양산은 온통 꽃피는 산골로 변했다. 아버지께서 서울에 가셔서 국어사전, 백과사전, 안데르센 동화집을 잔뜩 사오셨고 서울과 동경을 오가시면서 온갖 꽃씨와 구근과 묘목을 가져다가 친정집 마당에 심으셨고 양산의 모든 학교에 보내 심게 하셨다. 북부동 친정집 마당과 학교 운동장은 말할 것도 없고 온 양산 천지에 수국, 달리아, 옥잠화, 국화, 부용이 만발했고 석류, 살구, 대추, 무화과, 보리수, 먹감 등 각종 과일나무가 무럭무럭 자랐다. 양산 출신 동요작가 이원수 선생의 작품 "고향의 봄"이 그때의 양산을 그린 것인지도 모른다. 이원수 선생은 마산에서 활동하셨으나 선생께서 출생하신 곳은 양산시 북정면이다. 그때 친정집 여자들이 아버지께서 심으신 보라색 봉숭아의 꽃잎을 갈아서 손톱에 물을 들였는데 보라색 물이 들지 않고 빨간색 물이 들어서 신기하게 여겼다.

애석하게도 아버지께서 1954년 5월 3대 민의원 선거에 출마한 백부의 선거사무장을 하시려고 그해 3월 21일 교육감을 사직하셨다. 아버지께서는 그때 교육계를 떠나신 것을 두고두고 후회하셨다. 만일 그때 아버지께서 당신의 재산명세를 제대로 아셨더라면 초중등학교는 말할 것도 없고 대학도 여러 개 운영하실 수 있으셨을 것이다. 아버지께서 교육감을 그만두시고 십 년이 지난 후 기장군 일대에 아버지 명의로 된 24만 정보의 임야가 있다는 사실이 드러났다. 24만 정보는 약 7억 2천 6백만 평이다. 이 기막힌 이야기의 자세한 내용은 10장에 있다.

인기가 하늘을 찌른 아버지께서 선거사무장을 맡으셔서 선거조직을 완벽하게 운영하셨고 백부가 3대 민의원 선거에서 무소속으로 당선되었다. 백부는 제헌국회의원 선거와 2대 민의원 총선거에서 낙선했다. 만일 그때 아버지께서 출마하셨더라면 당선되었을 것이라고 말하는 사람이 많았다. 물론 백부의 3대 민의원 당선에는 백부 자신의 공도 있었다. 백부가 1950년 11월 부산 영도에 있는 대한도기를 경영하기 시작했는데 그때부터 양산 사람들을 대거 취직시켰다. 3대 민의원 선거가 있었던 1954년 5월 양산의 대부분의 집안에 대한도기에 취직한 사람이 한두 명 정도는 있었다. 백부의 당선에는 할머니의 음덕도 상당한 역할을 했다. 3대 민의원 선거에 친정집 식구들이 총동원되었다.

4. 이승만 대통령이 아버지께 보낸 양산의 초대 교육감 사령장　71

어린 나도 원동면 화제리에 선거운동을 하러 갔다. 그런데 어떤 노인이 "지의관 만세"라는 글씨가 새겨진 다 썩어버린 목패를 들고 나와 우리 일행에게 흔들어댔다. 그것은 1903년 계묘년 보리흉년에 있었던 할아버지의 선행을 기리려고 화제리 사람들이 세운 목패였다.

5. 내 나이 12~13살에 찾아온 어머니의 죽음과 나를 지켜준 사촌 오빠들의 죽음

아버지께서는 철저한 무신론자셨는데 1930년대 초 어느 해 성탄절 저녁 중부동에 있는 교회에 놀러가셨다가 어머니를 보시고 넋을 잃으셨다. 아버지와 어머니께서는 양산초등학교 동기동창생이라 서로 알고 계셨다. 그런데 아버지께서 그날 저녁 예수 탄생을 축하하는 성극에서 성모 마리아 역을 하시는 어머니를 보시고 새삼스럽게 반하셨다. 내 어머님은 최미옥 여사이시다.

그 옛날 어머니께서 독실한 기독교 신앙을 가지셨는데 아무튼 굉장히 예쁘셨다. 키가 컸고 몸매는 호리호리했고 얼굴이 작고 눈이 굉장히 컸다. 말하기 민망하지만 어머니의 별명이 "소눈깔"이었다. 서양인이라고 해도 곧이들을 정도였다. 어머니께서는 양산초등학교밖에 못 나오셨지만 두뇌가 굉장히 명석하셨다. 대단한 명필이셨고 노래를 굉장히 잘 부르셨다.

할아버지와 할머니께서 아버지의 연애결혼을 극구 반대하셨다. 본

5. 내 나이 12~13살에 찾아온 어머니의 죽음과 나를 지켜준 사촌 오빠들의 죽음

가는 7천석 갑부에 철두철미한 불교 집안인데 외가는 가난한 기독교 집안이었다. 1930년대 초중반 아버지와 어머니의 연애결혼은 당대에 보기 드문 사건이었고 그래서 한동안 사람들의 입방아에 오르내렸다. 중앙고보를 졸업하고 일본대학교 문학부에 유학을 한 7천석꾼의 무신론자 막내아들이 시골의 가난하고 예수 믿는 동갑내기 여자와 눈이 맞아 연애결혼을 했으니 그럴 수밖에 없었다.

어머니께서는 할머니의 환영을 받을 만한 조건이 없었고 종교마저 달랐지만 할머니의 깊은 신뢰와 사랑을 받은 비결이 있었다. 어머니는 기품이 있었고 머리도 좋았고 생각과 경우가 반듯했지만 집에서 보고 배운 것은 많지 않았다. 7천석꾼의 살림을 감당하기에는 역부족이었고 할머니에게 야단을 맞는 경우가 있었다. 그런데 할머니께서 아무리 야단을 치셔도 어머니는 일언반구 말대꾸를 하지 않으셨다. 돌이켜보건대 바로 그것이 어머니께서 할머니의 신뢰와 사랑을 받으신 비결인 것 같기도 했다.

어머니의 형제는 7남매였다. 외갓집도 꽤 잘 살았는데 외할아버지께서 보증을 잘못 서시는 바람에 망했다. 세 분의 외삼촌들이 모두 머리 좋고 의리 있고 마음씨가 비단결 같은 분들이었다. 특히 막내 외삼촌이 명석했고 유망한 청년이었는데 시의원선거에 출마한 내 첫째 이복 남동생을 열심히 도와줄 정도로 착한 분이셨다. 이모가 세 분 계셨는데 첫째 이모는 정신대로 끌려가서 만주에 있었고 둘째 이모는 부산 초량동에 시집가서 살았다. 다행히 막내 이모는 해방을 맞아 정신대에 끌어가지 않았다.

왜정 때 아버지와 어머니에 관해 자랑할 것이 많았는데 무엇보다 형제가 나와 남동생 딱 둘뿐인 것이 현대적인 생각이 들어 자랑스러웠다. 그때 다른 집에는 7남매 또는 8남매가 보통이었고 10남매가 넘는 집도 있었다. 그런데 우리 집은 두 남매뿐이었다. 아버지께서 늘 의춘상행의 업무관계로 상해로 동경으로 다니셔서 어머니와 함께 지낸 시간이 많지 않았다.

어머니께서 외출하실 때 입는 두루마기는 항상 주머니 입구가 해져 있었다. 나와 동생이 어머니를 따라 외출할 때면 어머니의 외투 주머니에 두 손을 찔러 넣고 앞을 보지 않고 어머니의 얼굴을 보고 걸었다. 나와 동생은 그렇게 해서라도 사랑하는 어머니 얼굴을 단 한순간도 놓치고 싶지 않았다. 그때 나와 동생은 더 이상 필요한 것이 전혀 없었고 정말 행복했다.

왜정 때 나와 동생은 종종 가죽구두를 신고 양장과 양복에다 오버코트까지 입고 어머니를 따라 부산에 있는 최신식 미나까이 백화점에 가곤 했다. 거기서 세 사람이 사진도 많이 찍었고 최신문물을 접할 수 있었다. 그래서 우리들은 당대의 조선 사람들이 가지기 어려웠던 국제적 안목을 기를 수 있었다. 미나까이 백화점은 5~6층짜리 고층건물이었는데 부산시민회관에서 보면 왼쪽에 있었다. 봄가을에 어머니를 따라 그곳에 나들이 갈 때 동생은 춘추양복을 입었고 나는 집에서 입던 조선치마저고리를 간단후꾸라는 원피스로 갈아입었다. 어머니께서 쇼핑을 하시는 동안 나와 동생은 동전을 집어넣으면 움직이는 말을 타며 즐겁게 놀았다.

5. 내 나이 12~13살에 찾아온 어머니의 죽음과 나를 지켜준 사촌 오빠들의 죽음

　내가 초등학교 들어가기 직전 일곱 살쯤 되었을 때 어머니께서 나와 동생을 데리고 부산 적기에 있는 군대에서 훈련받는 큰 외삼촌에게 면회를 가신 적이 있다. 지금도 그때의 기억이 생생한 것을 보면 그날 받은 충격이 굉장히 컸던 것 같다. 어머니와 동생과 함께 물금역에서 기차를 탔다. 기차가 구포역에 정차하고 있는 동안 어머니께서 물건을 사려고 내리셨는데 그만 기차가 떠나버렸다. 나와 동생이 울고불고 난리가 났다. 그렇게 기차가 한참 가는데 직원이 왔다. 우리를 보호하고 있으라는 부탁을 받고 온 사람이었다. 그가 우리를 범일동역에 내려주었고 동생과 함께 역사무실에서 어머니를 기다렸다. 한참 후 어머니께서 오셔서 나와 동생을 꼭 껴안아주셨다. 어머니의 한량없는 사랑이 나와 동생의 온몸에 스며들었다. 적기부대에서 일본군 병사들이 훈련병들의 머리에 양철 들통을 씌우고는 몽둥이로 그것을 두들겨 패는 것을 봤다. 끔찍하고 불쌍했다. 어머니께서 면회신청을 해서 나온 큰 외삼촌의 얼굴을 유심히 살피시고 가져간 음식을 권하시고 잘 견뎌내라고 격려하셨다. 내가 화장실에 가고 싶다고 하자 큰 외삼촌이 날 데리고 갔다. 천막을 벗기고 들어가니까 바닥이 얇은 나무판으로 되어 있었는데 구멍 밑에는 파도가 넘실대는 시퍼런 바다였다. 너무 무서워서 그냥 뛰쳐나왔다. 큰 외삼촌이 나를 다시 데리고 들어가 겨우 볼일을 보고 나왔다. 그때 받은 충격이 지금도 지워지지 않는다.

　부산 적기에서 혼쭐이 나고 몇 년 후 열 살쯤 되었을 때 동래 온천장에 있었던 친정 소유의 별장에서 벌어진 사촌 정선언니의 결혼식에 어머니와 함께 갔다. 그날 어머니와 함께 찍은 사진이 굉장히 많았는데 누군가가 다 태워버려서 지금은 남은 것이 하나도 없다. 그리고 얼마 후 해방이 되었다.

백부는 항상 어머니를 감사하는 마음으로 정중히 대했는데 그래야 할 이유가 충분했다. 단지 왜정 때 어머니께서 의춘상행의 중요한 비밀루트셨고 재단과 바느질 솜씨가 남달라서 직접 천을 끊어다가 백부의 와이셔츠를 만들어드렸기 때문에 백부가 어머니를 정중하게 대한 것은 아니다. 백부에게 어머니는 생명의 은인이다. 1945년 8월 15일 미쳐버린 양산경찰서장이 술에 만취해 칼을 뽑아들고 길거리로 뛰쳐나와 행인들에게 마구 휘둘렀다. 그러다가 군청에서 기쁨에 넘쳐 내려오고 있는 백부를 등 뒤에서 칼로 내리치려고 했다. 마침 그 광경을 목격하신 어머니께서 죽을힘을 다해 고래고래 백부의 이름을 부르시다가 쏜살같이 달려가서 양산경찰서장의 목 뒷덜미를 붙잡고 늘어지셨다. 깜짝 놀라 뒤를 돌아다본 백부는 머리 위로 벼락처럼 떨어지는 양산경찰서장의 칼을 간발의 차로 피할 수 있었다.

그리고 또 얼마 후, 동래온천장에 있는 친정소유 여관 벽초관에서 근무하던 둘째 외삼촌이 사망했다는 소식이 들어와 친정집이 발칵 뒤집힌 적이 있었다. 벽초는 백부의 첩의 이름이다. 그때 친정이 동래에 벽초관과 함께 동래온천탕권 1번을 갖고 있었다. 그런데 백부가 아버지와 일언반구 상의도 없이 이것을 그냥 부산시에 기증해버렸다. 바로 그 무렵에 둘째 외삼촌이 죽었다는 소식이 들어왔다. 그때 나도 어머니와 다른 외삼촌과 이모 그리고 동생과 함께 목탄차를 타고 동래온천장에 갔다. 그런데 벽초관 지하실에서 땀에 찌든 둘째 외삼촌이

5. 내 나이 12~13살에 찾아온 어머니의 죽음과 나를 지켜준 사촌 오빠들의 죽음

나와 어머니께 "왜 왔는교?"라고 묻는 바람에 한바탕 안도의 웃음이 터졌다.

그때가 아마 해방되고 일 년이 지난 1946년 여름이었을 것이다. 나는 열두 살 동생은 열한 살이었다. 어머니께서는 늘 몸이 아프다고 하셨는데 견디다 못해 부산에 있는 순천병원에서 진찰을 받았다. 그 당시 영주동과 초량동 사이에 있는 순천병원은 부산에서 제일 크고 좋은 병원이었다. 자궁에 혹이 있다는 진단이 나와 그 병원에서 당장 수술을 받았다. 병원장이 직접 집도하여 수술은 성공적이었다. 그런데 병원장이 모친상을 당하여 고향으로 휴가를 떠나는 바람에 병원장이 직접 어머니의 수술 후 관리를 해주지 못했다.

수술 후 어머니께서는 갈증을 견디지 못하셨고 자꾸 물을 달라고 하셨다. 그때는 수술환자에게 수분을 공급하는 링거주사가 없었다. 그래서 갈증을 견디지 못한 수술환자가 병원 벽을 마구 긁어 손톱이 빠지고 피가 나는 경우가 많았다. 어머니께서 자꾸 물을 달라고 하셔서 막내 이모와 외할머니께서 무를 깎아서 어머니 입에 넣어드리거나 수건에 물을 적셔 입에 물려드렸다. 어머니께서 주무실 때에는 입을 벌리셨으나 의식이 있을 때에는 입을 꽉 다무시고 이를 꽉 물고 계셨다.

어머니께서 순천병원에 입원해 계시는 동안 나와 동생이 서너 차례 아버지께서 만들어주신 풍성한 꽃다발을 가지고 병문안 갔다. 어머니의 모습은 날이 갈수록 초췌해졌고 쇠로 된 갑옷처럼 생긴 장치로 배를 가리고 있었다. 수술환자들은 다 그런 것을 한다고 했다. 어머니께서는 쉬지 않고 딸꾹질을 하셨다. 어린 나도 상태가 별로 좋지 않다는 예감이 들었다. 어머니의 병세가 위중해지고 있다는 것을 느낄 수 있었다.

어머니께서 순천병원에 입원한 지 약 20일이 지났을 무렵 막내 이모가 어머니 병실에서 까불고 있는 나와 동생에게 말했다. "정수야, 동생 데리고 양산 집에 가 있어라. 곧 어머니 퇴원해서 집에 가신다." 그날 동생과 나는 초량에 있는 금봉 고모님 댁으로 갔다. 거기서 하룻밤 자고 다음날 저녁 해질 무렵에 양산으로 돌아왔다.

동생과 함께 서운하고 아쉬운 마음으로 양산 북부동 집으로 들어섰다. 할머니께서 흠칫 놀라셨으나 우리를 반갑게 맞으셨다. "어! 너희 어머니 병원에 간다더니 와 이리 일찍 왔노? 방학이라 며칠 더 있다가 올 줄 알았는데?" 할머니의 얼굴에 일말의 불안이 감도는 것을 느낄 수 있었다. 할머니께서 표정을 가다듬으시고 우리를 위로하셨다. "너희 엄마 이제 곧 다 나아서 퇴원할 것이다." 이웃집 사람들도 어머니의 입원이 길어지자 걱정을 태산같이 했다. "참 무슨 몹쓸 병에 걸렸기에 그리도 낳지 않을꼬……" 특히 구두방 조씨 할아버지는 어머니의 투병을 애석하게 여겼다.

그때가 해질 무렵이었으나 여름 끝자락이라 굉장히 더웠다. 동네 친구들이 내가 돌아왔다는 말을 듣고 과일을 한 바구니 갖고 몰려와서 함께 낙차 둑에 가서 목욕을 하자고 졸랐다. 나는 몸이 너무 약해서 한여름에도 밖에서 목욕을 하지 못했다. 그런데도 마음이 너무 불

5. 내 나이 12~13살에 찾아온 어머니의 죽음과 나를 지켜준 사촌 오빠들의 죽음

안하고 우울해서 그들을 따라나서고 싶었다. 할머니 눈치를 살폈다. 할머니도 아무 말씀 안 하시고 고개를 끄덕이셨다.

워낙 몸이 약하고 소심해서 그날도 물에 들어가지는 못했다. 그냥 친구들이 벗어 놓은 옷가지와 과일 바구니를 지키고 있었다. 친구들이 장난치고 목욕을 하는 동안 해가 완전히 저물었다. 갑자기 그 한여름 밤에 여러 사람들이 나를 애타게 찾는 소리가 온 낙차 들녘에 메아리 쳤다. "정수야!" "정수야!" "정수야!" 그래도 나는 선뜻 그쪽으로 갈 수 없었다. 내가 지켜주지 않으면 개구쟁이 아이들이 과일 바구니는 말할 것도 없고 친구들의 옷가지까지 다 가져가버려서 큰 낭패가 날 것이 뻔했다.

그냥 낙차 둑에 서서 뒤꿈치를 들고 두리번거리면서 날 부르는 사람들을 찾았다. 내게 달려오는 무리를 발견했다. 제일 앞에서 나를 행해 달려오는 사람을 자세히 보니까 집에서 일하는 순애였다. 그 아이가 얼굴이 파랗게 질린 채 숨을 헐떡거리면서 말했다. "세이야, 빨리 집에 오라 칸다." 내가 다그쳐 물었다 "와 그라나노?" 병원에서 어머니께서 막내 이모와 두 명의 간호사들과 함께 하이야 택시를 타고 북부동 집으로 돌아오셨다고 했다. 갑자기 무서운 예감이 확 스쳤다. "나도 엄마가 돌아오시는 것을 알고 있는데 도대체 왜 날 이렇게 급히 찾을까?"

순애와 이야기를 나누는 동안 나머지 사람들이 숨을 헐떡이며 낙차 둑에 도착했다. 그들 중에는 집에서 일하는 나이 많은 집사 김대롱이라는 사람이 있었고 큰 외삼촌도 있었다. 그들과 함께 집을 향해 마구 달리기 시작했다. 마음이 급해서 그랬는지 아무리 달려도 그냥 제자리인 것 같았다. 도무지 다리가 움직이지 않았다. 내가 자꾸 뒤쳐지니까 내 뒤에서 따라오던 나이 많은 어떤 분이 소리를 질렀다. "누가 저 아이를 좀 업어라!" 큰외삼촌의 등에 업혔다. 이미 북부동 친정집 안팎에 사람이 가득 차 있어서 도무지 발 디딜 틈이 없었다. 사랑채와 마당은 사람들의 웅성거림으로 가득했다.

그날이 음력으로 7월 15일이었다. 바로 그 다음 날 음력 7월 16일이 내 생일이라서 그날의 일을 똑똑하게 기억한다. 안방으로 뛰어 들어갔다. 어머니께서 자리에 누워계셨다. 얼굴이 유난히 창백했고 볼이 움푹 파여 있어 어머니께서 겪는 고통의 깊이를 짐작할 수 있었다. 어머니께서 나를 보고 애써 미소를 지으셨지만 어린 내가 보기에도 그 모습이 너무나 애처로웠다. 나도 모르게 내 입에서 희미한 소리가 새어 나왔다. "어머니……" 이것이 내가 마지막으로 불러본 어머니였고 이후에는 부르고 싶어도 못 부른 어머니였다. 많은 세월이 흘렀건만 지금도 그때 생각을 하면 눈물을 주체할 수 없다.

그렇게 나와 어머니의 시선이 마주친 상태로 시간이 흘렀고 이윽고 할머니께서 담담한 어조로 말씀하셨다. "빨리 옷을 갈아입혀라." 막내이모와 집에서 일하는 찬모들이 농짝에서 어머니께서 평소에 즐겨 입으시던 옥색 깨끼치마저고리를 꺼내어 어머니께 갈아입혀 드렸는데 아주 애를 먹었다. 치마는 입혀드렸고 어머니의 한쪽 팔을 저고리 소매에다 집어넣고 나머지 한쪽 팔을 다른 소매에 집어넣으려는 순간 어머니께서 할머니께 무슨 말씀을 하시려고 고개를 드셨다. 그러자

5. 내 나이 12~13살에 찾아온 어머니의 죽음과 나를 지켜준 사촌 오빠들의 죽음

할머니께서 어머니께 말씀하셨다. "아이들 걱정은 하지 마라. 아이들은 내가 책임지고 키운다. 아무 걱정 하지 마라." 안방에서 어머니의 임종을 지켜보던 통도병원 원장이 어머니께서 오늘 밤을 넘기지 못하실 테니 준비하고 아이들을 잘 챙기라고 해서 어머니와의 이별이 다가온 것을 알았다.

어머니께서는 그 다음날 음력 7월 16일 내 생일날 새벽녘에 돌아가셨다. 어머니께서 눈을 감으시자 막내 이모와 찬모들이 울음을 터뜨렸고 아버지의 나지막한 독백이 들렸다. "좀 더 살았으면 고생시킨 만큼 잘 해주려고 했는데……" 아버지의 독백은 어머니의 고생을 단적으로 표현한 것이다. 내가 어렸을 적 왜정 때 아버지께서는 집에 계신 날보다 없는 날이 더 많았고 그래서 어머니께서 시름시름 앓으면서 치료시기를 놓치셨다. 왜정 때 아버지께서 서울과 상해와 동경으로 다니시다가 가끔 집에 와 계시면 사랑채가 잔칫집처럼 사람들로 붐볐다. 그래서 아버지께서 어머니의 병색을 돌아볼 겨를이 없었다. 그러다가 해방이 되어 아버지께서 항상 집에 계셔서 할머니께서 아주 흐뭇해 하셨는데 어머니께서 돌아가신 것이다.

어머니의 장례 준비가 시작되면서 여기저기에서 어머니에 관련된 미담美談이 쏟아졌다. 그것을 다 모으면 이런 책이 또 나올 것이다. 온 동네가 깊은 슬픔에 잠겼다. 지금도 그렇지만 여름에 오일장을 치르는 것은 보통 일이 아니다. 어머니의 시신을 안채에서 다른 방으로 옮겨 통나무 2개를 놓고 그 위에 관을 얹었다. 부산에서 얼음을 가지고 와 관 옆에 세웠고 왕겨를 방바닥에 깔았다. 입관을 했으나 어머니께서 제일 사랑하신 막내 외삼촌이 올 때까지 관을 봉하지 않고 기다렸다가 외삼촌이 서울에서 내려와 어머니 시신을 보고 관 뚜껑을 닫고 못을 쳤다.

어머니의 장례는 양산의 사회장이었다. 그때 사람들은 어머니의 장례가 양산이 생긴 이후 가장 큰 장례였다고 입을 모았다. 양산의 청년들이 어머니의 상여를 멨다. 그들 중에 내가 다니던 양산초등학교 선생님도 있었고 군청 공무원들도 많았다. 어머니의 산소는 산막리 영동마을에 있는 친정 선산에 마련되었는데 그곳은 부모보다 앞서서 죽은 자손이 묻히는 장소였다. 그곳에서 더 올라가면 나중에 천성산으로 개칭된 원효산이 있다. 어머니 시신을 모신 상여가 장지까지 가면서 노제가 무려 대여섯 번이나 있었다. 그때 들은 추도문이 지금도 귀에 들리는 듯하고 노제를 지내는 장면이 그림처럼 생생하게 떠오른다.

상여가 산막리 영동마을의 장지로 가려면 자갈마치 샛강을 건너야 했는데 물이 엄청나게 불어 징검다리가 잠겨버렸다. 어린 나와 동생은 건널 수 없었다. 아버지께서 해방직후 치안대 대장을 하실 때 치안대 대원이었고 전도가 유망한 청년이라고 마을 사람들의 칭찬이 자자했던 이시찬이라는 분이 나를 업고 자갈마치 샛강을 건넜다. 그분은 그때 부산상고를 다녔는데 나중에 전병건 선생의 딸 양산초등학교 전명숙 선생님과 결혼하셨다. 동생을 업고 자갈마치 샛강을 건넌 사람은 사또라는 별명을 가진 대동식당 주방장이었다. 그의 이름은 한수였는데 성씨는 생각나지 않는다. 그는 친정에서 행사를 할 때면 반드시 와서 거들어주었다. 음식솜씨가 뛰어났고 인품도 서글서글해서 친정사람들이 좋아했다.

　해인동댁이라는 어머니의 친구가 어머니 장례식 하는 날을 묘사했다. 만장이 북부동 친정에서 장지까지 5~6km 되는 길을 가득 메웠고 상여가 장지에 도착해서 하관을 시작했는데도 북부동 친정집 마당에 미처 출발하지 못한 만장이 가득 차 있었다. 나와 동생은 어머니의 상여가 장지에 도착하기 전에 길거리에서 노제를 무려 대여섯 번이나 지내는 바람에 힘들어 혼쭐이 났다.

　장례가 끝나고 삼우제까지 치르자 일가친척들이 모두 떠났다. 나 혼자 그 큰 집에 덩그러니 남았다. 할머니께서는 절에 가시고 안 계셨다. 아버지와 동생은 밖에 나가 돌아오지 않았다. 집안에 가득한 정적이 너무나 무서웠다. 어머니께서 가득 채우셨던 공간이 휑했다. 무서워서 울면서 나날을 보냈다.

　절에서 돌아오신 할머니께서 어머니의 유품을 정리하시다가 펑펑 울어버리셨다. 어머니께서 나중에 나와 동생이 결혼할 때 쓰라고 옷과 예단을 완벽하게 준비해서 차곡차곡 쌓아 놓으시고 그 위에 "정수 몫" 그리고 "유롱 몫" 이렇게 쓴 종이를 올려두신 것을 보고 할머니께서 대성통곡을 하신 것이다. 할머니께서 그것을 새어머니에게 인계하셨고 나와 동생이 결혼할 때 요긴하게 쓰라고 말씀하셨다. 그런데 어머니께서 남겨놓으신 그 옷과 예단은 다 쓸 수 없게 되었다.

　어머니께서 돌아가시고 일주일쯤 지난 어느 날 꿈에 어머니께서 장독대에서 간장항아리 뚜껑을 열고 안을 들여다보고 계셨다. 그런데 내가 아무리 "엄마!"라고 불러도 어머니께서는 일절 대답하지 않으셨다. 그래서 나도 어머니 옆에 다가가서 간장 항아리 안을 들여다보았다. 간장 표면에 어머니와 내 얼굴이 나란히 비쳐서 소스라치게 놀랐다. 그런데도 어머니께서는 그냥 우두커니 간장독 안을 들여다보기만 하셨다. 내게는 전혀 관심을 보이지 않으셨고 아무런 말씀도 하지 않으셨다.

그러고 한 보름 후 또 꿈에서 어머니를 뵈었다. 어머니께서 채전밭에서 방아 잎을 따고 계셨다. 아무리 어머니를 불러도 나를 쳐다보시기는커녕 대답도 하지 않으셨다. 어머니께 다가가서 "엄마!"라고 불렀으나 아무런 말씀이 없으셨다. 어머니께서는 이리저리 다니시면서 방아 잎을 따셨다. 내가 계속 따라다니면서 "엄마!"라고 불렀다. 그래도 어머니께서는 아무런 말씀을 하지 않으시고 그냥 방아 잎만 따셨다. 갑자기 온몸에 소름이 쫙 끼쳤고 정이 뚝 떨어졌다. 그 후에는 가끔씩 시험기간에 꿈속에서 어머니 목소리만 들렸다. "정수야, 일어나라. 와 이리 늦잠을 자노." 꿈에서나마 어머니를 다시 뵙게 된 것은 그로부터 무려 십 년이 지난 후였다.

실의에 빠져 눈물로 세월을 보내던 나와 동생을 정성껏 보살펴준 사람은 사촌인 성룡 오빠와 의룡 오빠였다. 백부의 셋째 아들 성룡 오빠는 어머니를 여읜 나와 동생을 지켜준 든든한 성채였을 뿐만 아니라 우리 집안 전체의 대들보였다. 오빠는 고려대학교를 나와 일본에 유학했고 인품이 훌륭했다. 성룡 오빠에 대한 백부의 신뢰는 절대적

5. 내 나이 12~13살에 찾아온 어머니의 죽음과 나를 지켜준 사촌 오빠들의 죽음

이었다. 오빠가 집안의 모든 열쇠를 다 맡아 관리했다. 오빠는 아버지와 둘도 없는 단짝이었다. 오빠는 항상 집에 머물며 집안의 대소사를 장악했고 백부의 지시를 받아 왜정 때에는 면사무소 해방 직후에는 군청을 오가면서 집안의 행정실무를 전담했다. 오빠는 왜정 때부터 오토바이를 타고 다니면서 업무를 봤다. 성룡 오빠가 저녁이면 자주 나와 동생을 오토바이 뒤에 태우고 어머니 산소가 있는 산막리의 영동마을로 데려가곤 했다.

백부의 넷째 아들 의룡 오빠도 나와 동생을 보호해준 든든한 방벽이었다. 오빠에게는 아버지가 경외의 대상이었다. 아버지는 오빠의 멘토이며 우상이었다. 오빠는 아버지의 서재에서 일본어로 된 서양고전을 많이 읽었다. 의룡 오빠와 백부는 친부모 자식 간이라는 사실이 믿어지지 않을 정도로 사이가 굉장히 나빴다. 무슨 영문인지는 지금도 모르지만 오빠는 백부가 하는 생각과 행동을 모두 싫어했다. 오빠는 하루도 빠지지 않고 백부로부터 야단을 맞았다. 그럴 때마다 오빠는 백부에게 기를 쓰고 대들었다. "야, 임마! 그런 것은 네가 이해를 해야지. 그런 걸 가지고 따지고 달려들면 어떻게 하느냐!" 이렇게 아버지께서 백부와 싸우는 의룡 오빠를 나무라기도 하셨다. 의룡 오빠는 문학청년이었고 기타를 무척 잘 쳤다. 백부와 집안 어른들은 못마땅했지만 나는 그런 의룡 오빠가 좋았다. 의룡 오빠가 미제 사탕, 과자, 초콜릿, 카라멜 등을 많이 사다주었다.

서울과 동경을 자주 드나들었던 성룡 오빠와 의룡 오빠가 집으로 돌아오면 시나리오를 만들고 이불 호청으로 무대를 만들어 연극도 했다. 의룡 오빠는 의기소침한 나의 기를 살려준다면서 자꾸만 내게 주인공을 맡겼다. 나보다 한 살 많은 사촌 정자언니가 마구 시샘을 했고 자기가 할 일을 내게 시켜 내가 주인공을 못하게 막았다. 그러다가 의룡 오빠에게 들켜서 정자 언니가 혼쭐이 나기도 했다.

그때 성룡 오빠와 의룡 오빠가 나에게 베풀어준 배려는 죽어서도 잊을 수 없을 것이다. 오빠들이 우리 집 마당에 탁구대를 설치했다. 나는 오빠들과 탁구를 치면서 외로움을 달랠 수 있었고 차츰 건강과 활기를 되찾았다. 그때 뜻밖에 나의 운동신경이 뛰어나다는 것을 알게 되었고 운동신경이 굉장히 둔한 정자 언니의 시샘을 받았다. 나와 동생은 이 두 명의 고마운 사촌 오빠들 때문에 살아갈 의욕이 생겼고 마음이 든든했다.

아마 그때가 어머니께서 돌아가신 그 이듬해 여름방학이었을 것이다. 동생과 함께 김해 장유면에 있는 첫째 덕봉 고모님 댁에 다니러 갔었다. 동생과 그 동네 아이들과 함께 고모부님께서 운영하시는 장유면 조합의 빈 창고에서 자전거도 타고 공놀이도 하면서 신나게 놀았다. 그날 저녁 양산으로 돌아가려고 했는데 고모님께서 "꿈자리가 시끄럽다"고 말씀하시면서 며칠 더 있다 가라고 하셨다. 그래서 며칠 더 머무르다가 초량동의 금봉 고모님 댁으로 갔다. 그땐 김해에서 양산으로 직행하는 버스가 없었다. 김해에서 양산으로 가려면 초량에서 가까운 영주동 시외버스 터미널까지 가야 했다.

양산에 도착하니까 이미 성룡 오빠가 죽었고 장례도 끝났다. 그때의 허망한 마음은 지금도 말로 다 표현할 수 없다. 아버지께서도 중상을 입으셨고 6개월이나 병원에 입원하셨다. 나와 동생이 장유면 덕봉 고모님 댁에 있는 동안 아버지께서 성룡 오빠가 운전하는 삼륜차로 싸움을 해서 경찰서에 잡혀간 집안사람을 데리러 물금으로 가셨다. 그런데 그 사람이 난동을 부리는 바람에 삼륜차가 향교 앞에 있는 다리 난간을 들이받았고 성룡 오빠가 그 자리에서 즉사했다.

양산 읍내를 내려다보는 마을 뒷산의 계원사에서 몇날며칠 성룡 오빠를 위한 오구굿이 벌어졌고 성룡 오빠가 마침 울산에서 죽은 명문가 처녀와 영혼결혼식을 올렸다. 오구굿은 죽은 사람의 영혼을 달래는 씻김굿의 일종인데 경상도와 강원도에서 성행했던 풍속이다. 어떻게 알고 왔는지 성룡 오빠의 영혼결혼식에 김해, 삼랑진, 마산, 밀양 그리고 대구 등지에서 거지와 구경꾼들이 몰려들었고 계원사와 마을 뒷산이 온통 사람으로 가득했다. 공예가들이 짚으로 성룡 오빠와 울산에서 죽은 명문가 처녀의 인형을 만들어 신방에 넣었고 다양한 색깔의 조선종이를 가위로 오려 오색찬란하고 수십 미터나 되는 기다란 용과 형형색색의 꽃을 만들어 성룡 오빠의 영혼결혼식을 축하했다.

그리고 얼마 지나지 않아서 의롱 오빠가 자살했다. 오빠가 초량의 백부 댁에서 가까운 교통병원 근처 다리에서 목을 맸다. 나는 지금도 의롱 오빠가 자살한 이유를 모른다. 다만 매일 있었던 백부와의 싸움이 원인이었으리라고 추정할 뿐이다. 돌이켜보건대 의롱 오빠와 백부의 싸움은 부자지간의 소소한 다툼이 아니었다. 그것은 양립이 불가능한 세계관과 인간존재론의 충돌이었다.

나도 초등학교 6학년 때 죽음의 문턱을 넘을 뻔했다. 어머니께서 돌아가시고 성룡 오빠와 의룡 오빠가 죽은 후 나를 끔찍이 챙겨 주신 담임선생님마저 돌아가셨다. 그리고 나도 몹시 앓았다. 거의 두 달이나 사경을 헤맸다. 그때 꿈이었는지 생시였는지 모르겠으나 할머니께서 돌아가신 어머니를 꾸짖는 소리를 생생하게 들었다. "네가 부모 앞에 간 것도 불효인데 저 어린 것을 네 딸이라고 데려갈 참이냐! 불효막심한 것 같으니라고 안 된다!" 할머니께서 자리에 누워있는 나의 상반신을 들어 올려 품에 꼭 끌어안으셨다. 며칠 후 나는 반다지 손잡이를 붙잡고 겨우 일어섰다.

자리를 털고 일어나니까 부산과 경남의 신여성 처녀들이 아버지와 결혼하려고 줄을 서 있었다. 고등교육을 받은 내로라하는 집안의 처녀들이 상처한 아버지께 시집오겠다고 줄을 선 것이다. 심지어 그들 중에는 나에게 집요한 물량공세를 퍼붓는 분도 있었다. 1996년 4월에 출마한 남편을 따라 양산에 내려갔는데 그때 아버지께 시집오려고 하셨던 분께서 나를 반겨주셨다. 아버지께서 재혼하신 새어머니는 그 신여성 처녀들 중 한 분은 아니었으나 울산의 저명한 교육자 집안 출신이었다.

새어머니를 위한 친정의 배려가 각별했고 새어머니께서 동생을 많이 낳으셨다. 나도 화목한 가정을 이루려고 노력했고 이복동생들을 정성을 다해 돌봤다. 서툰 솜씨로 옷도 만들어 이복동생들에게 입혔다. 그래서인지 모르겠으나 지금도 이복동생들과 자주 연락하고 오가면서 화목하게 지내고 있다. 막내 이복 남동생이 안성 미리내에서 집을 지

5. 내 나이 12~13살에 찾아온 어머니의 죽음과 나를 지켜준 사촌 오빠들의 죽음

을 때 찾아와 몇 달 동안이나 몸을 아끼지 않고 큰 도움을 주었다.

아버지께서 재혼하신 그 해 가을 친동생이 아버지에게 죽도록 얻어맞고 집밖으로 쫓겨난 적이 있었다. 친정집 뒤뜰에 흑감나무 1그루와 재래 감나무가 3그루 있었다. 흑감나무에 열리는 감은 속이 까만색이었는데 맛이 참 좋았다. 그런데 감나무 밭에 감이 한 개도 남지 않고 몽땅 사라져버렸다. 누군가 아버지께 내 친동생이 감을 다 따버렸다고 거짓말을 했다. 그리고 얼마 후 온 집안에 감 썩는 달콤새큼한 냄새가 진동했다.

내가 초등학교를 졸업할 무렵에 부산에서 아버지의 절친한 선배이며 『낙동강의 파수꾼』의 저자 김정한 선생께서 경남여중 입학원서를 들고 찾아오셨다. 왜정 때 김정한 선생께서 아버지와 함께 부산에서 항일극작운동을 하실 때 친정에 자주 오셨는데 그때 내게 경남여중으로 진학하라고 신신당부를 하셨다. 고맙게도 그날 오신 김에 아예 나의 입학원서를 받아갈 참이셨다.

그런데 뜻밖에도 내가 사랑채로 과일을 가지고 가니까 아버지께서 김정한 선생께 나를 경남여중에 못 보낸다는 말씀을 하고 계셨다. 몹시 실망스러웠고 마음이 상해서 할 말을 잃었다. "어머니께서 안 계셔서 이러시는 건가." 이런 생각마저 들었다. 김정한 선생께서 떠나신 후 아버지께서 말씀하셨다. "너는 부산으로 가면 안 되고 양산에서 중학교를 졸업해야만 한다. 양산농업학교 안에 양산중학교를 만들었다. 학교를 만들어놨는데 다 부산으로 가버리면 어떻게 하겠느냐?" 아버지뿐만 아니라 양산의 유지들이 모두 자기네 딸들을 부산에 보내지 않고 새로 생긴 양산중학교에 입학시켰다. 그래서 양산초등학교 35회 여자 졸업생들이 남자 졸업생들보다 훨씬 더 많이 양산중학교에 갔다. 양산에서 중학교를 다니면서도 부산으로 가버리고 싶었다. 새어머니가 들어와 바뀐 환경에 적응하지 못해서 늘 서먹서먹했다. 북부동 집이 전혀 내 집 같지 않았다.

양산에서 중학교에 입학한 그해 여름이었다. 비가 억수같이 퍼붓는데 집에 오니까 어머니께서 쓰시던 삼면경과 그 좋은 농짝들이 마당에서 비를 맞고 있었다. 북정면에 계시는 왕고모님께서 사람을 보내주셔서 어머니께서 쓰시던 물건을 김해 장유면 덕봉 고모님 댁으로 보냈다. 고모님께서 그것을 창고에 보관하시다가 1974년 내가 연희동 집으로 이사를 하니까 내게 보내주셨다. 일부는 당시 화곡동에서 엄청나게 큰 집에서 잘 살던 친동생에게 보냈고 나머지는 내가 갖고 있다.

중학교에 입학한 그해 여름 또 어느 날 학교에 갔다 오니까 누군가 친정집 뒤뜰의 장독대 옆에서 무엇을 잔뜩 모아놓고 태우고 있었다. 여름이라 본청 뒷벽 문을 열어 놓았기 때문에 장독대가 훤히 들여다 보였다. 이상한 불빛이 나는 것으로 볼 때 아무래도 사진을 태우는 것 같아 급히 달려갔다. 어머니 모습이 찍힌 사진이라는 사진을 몽땅 끄집어내서 불에 태우고 있었다. 기겁을 하고 물을 가져다가 불을 껐다. 그때 그 사건 때문에 남아 있는 어머니의 사진이 하나도 없었다. 지금 내게 있는 어머니 사진이라고는 친동생이 엄진영 선생 댁에서 구해온 명함판 사진 딱 한 장이다.

5. 내 나이 12~13살에 찾아온 어머니의 죽음과 나를 지켜준 사촌 오빠들의 죽음

양산에서 중학교 생활을 견딜 수 있었던 것은 음악선생님 엄영섭 오빠 덕분이었다. 그분은 성악가 엄정행의 부친이고 아버지의 뒤를 이어 양산의 교육장을 지내셨는데 인척관계가 있어서 집에서는 그분을 오빠라고 불렀다. 그분이 나를 무척 챙겨주신 덕분에 늪에 빠진 것 같은 나의 삶이 조금씩 달라졌고 기운이 생겼다. 음악시간이 기다려졌다. 그분이 매년 예술제가 열리면 내게 독창을 시키셨다. 내가 고등학교에 진학하게 되자 엄영섭 선생님께서 아버지를 찾아와서 "내가 정수를 책임지고 훌륭한 성악가로 키워놓겠습니다"라고 하셨으나 아버지께서 거절하셨다. 성악을 하려면 엄청난 뒷바라지가 필요한데 어머니도 없는 마당에 그것을 누가 해주겠냐는 것이었다. 나중에 내가 한국부인회 합창단, 개신교회 합창단, 그리고 명동성당 장년합창단에서 활동할 수 있었던 것은 양산에서 중학교 다니면서 엄영섭 선생님께 사사한 덕분이다.

친동생은 초등학교를 졸업하고 6년제 양산농업중학교에 입학했으나 적성에 맞지 않았는지 학교를 거의 다니지 않고 집에서 나무나 하면서 지냈다. 동생은 점심을 먹지 못하는 경우가 많았다. 아침밥과 저녁밥은 온 식구들이 함께 식사를 해서 함께 먹을 수 있었다. 그런데 점심때 집에 오면 사람은 하나도 없는데 부엌의 가마솥은 따뜻했고 솥에는 밥이 없었다. 어머니께서 돌아가신 후에도 어머니의 절친한 친구 해인동댁이 친정에 자주 들렀고 점심을 굶고 있는 동생을 물금의 자기 집으로 데려가 밥을 먹였다. 내게도 그런 경우가 종종 있었으나 남의 집에서 얻어먹지는 않았다.

결국 친동생이 양산에 있지 못하고 서울로 전학을 갔다. 부산공고에 진학하고 싶었으나 차비가 없어 시험을 보러 가지 못했다. 그러던 중 노암장학회 장학금으로 서울대학교 사범대학을 다니던 어떤 장학생이 수속을 밟아주어 서울의 한영고등학교로 전학했다. 동생은 말봉 고모님께서 정기적으로 보내주시는 돈으로 왕십리에서 두 명의 노암장학회 장학생들과 함께 자취를 했다. 최근 몇 년 전까지만 해도 동생은 그때 말봉 고모님께서 보내신 솜이불을 갖고 있었다.

동생은 두뇌가 명석했으나 한영고등학교에서 수업을 따라갈 수 없었다. 중학교를 다니지 않고 바로 고등학교에 가는 바람에 그럴 수밖에 없었다. 몸이 빠르고 공을 잘 차는 동생은 축구부에 들어갔다. 축구선수에게는 기본적으로 60점이 주어졌기 때문에 동생도 평균 80점을 받을 수 있었다. 백부가 동생의 성적표를 보고 크게 기뻐하시고 학비와 생활비를 대주셨다. 동생과 두 명의 노암장학회 장학생이 그 돈으로 을지로6가 계림극장 맞은편에 하숙방을 얻었다.

그때 국회의원이었던 백부가 실제로 동생이 공부를 잘해서 좋은 점수를 받은 줄로만 알고 격려차 한영고로 동생을 찾아가 뜻밖에 큰 환영을 받았다. 동생은 그것이 백부가 국회에서 한 발언이 신문에 실려 유명해졌기 때문이라고 했다. 국회에서 일체 발언을 하지 않는 백부가 반 강제로 의장석 앞에 끌려나와 발언을 해야 할 처지에 놓였는데 마침 멀리 맞은편 벽에 걸린 시계가 정오를 향하고 있었고 백부가 그 시계를 가리키며 이렇게 발언했다고 한다. "밥 때 됐는데 밥 먹고 합시다." 국회에서 백부가 실제로 그렇게 발언했고 그것이 신문에 실렸

5. 내 나이 12~13살에 찾아온 어머니의 죽음과 나를 지켜준 사촌 오빠들의 죽음

는지는 모르겠으나 국회의원 발언록에는 백부의 그 발언이 기록되어 있지 않다. 동생은 백부가 1950년 11월 대한도기를 운영하기 시작하자 그곳에 취직하려고 부산 항도고 야간에 편입해 내려갔다.

 내가 양산에서 중학교를 마치고 동래여고로 진학하게 되자 할머니께서 동래 거제동에 있는 대법사에 논과 밭을 사 넣으시고 우물을 파시고는 나를 그곳에 데리고 가셨다. 동래여고 기숙사가 군에 징발되어 그곳에서 학교를 다녔다. 한창 클 때인지라 대법사 절에서 살면서도 백부가 보내주는 치즈와 버터를 몰래 먹었고 그 덕분에 겨우 기운을 차려 학교를 다니게 되었다. 몸이 너무 허약해서 학교를 빠지는 경우가 잦았다. 겨우 진급은 했는데 수업일수가 모자라 졸업을 할 수 있을지 걱정이었다.

 동래 대법사에서 동래여고 다닐 때 주말이 되면 반드시 양산 북부동 집에 갔다. 그냥 무조건 그래야 한다고 생각했다. 어머니께서 묻히신 고향을 한시라도 잊을 수는 없었다. 내가 친정에 돌아오면 백부가 눈썹에 손바닥을 쫙 펴 붙이고는 멀리 쳐다보는 시늉을 하면서 말했다. "정수야. 여기 양산에 손을 이렇게 하고 너 오기를 기다리는 사람 있느냐? 이제 양산 오지 마라. 그냥 대법사에서 할머니하고 편하게 있어라. 몸도 약한데……" 그것은 누구 들으라고 한 말이었으나 그냥 못 들은 척 했다.

 대법사에서 동래여고 다닐 때 수녀가 되려고 했었다. 대법사에서 내려다보이는 곳에 신흥고무라는 고무신공장과 수녀원이 있었다. 수녀들의 삶이 좋아보였다. "어머니도 없는데 결혼은 어떻게 하나. 그냥 수녀들처럼 결혼 안 하고 살면 좋겠다." 수녀들의 삶을 보면서 이런 생각을 자주 했다. 그런데 마침 양산중학교 동기생 한숙자의 아버지께서 양산 공소에 사셨고 한숙자의 삼촌이 초량동성당의 신부라는 사실이 생각났다. 그곳으로 찾아가서 수녀가 되게 해달라고 청했다. 그 신부께서 말씀하셨다. "학교를 다 마쳐라. 그래도 수녀가 될 생각이 있으면 그때 다시 찾아오너라."

몸이 너무 약해서 동래여고 다닐 때에도 학교를 가는 날보다 빠진 날이 더 많았다. 아무도 심지어 아버지께서도 나를 대학에 보낼 엄두를 내지 못하셨다. 그래도 나는 내심 부산에 피난 내려온 연세대학교 국문학과에 입학할 생각이었다. 그래서 환도하면 서울로 올라가버릴 참이었다.

그러던 중 마침 부산에 신설대학이 생겨 신입생을 모집하고 있었다. 다행히 고등학교 졸업장이 없어도 입학이 가능하다고 했다. 수업일수가 모자라 동래여고를 졸업한다는 보장도 없는 터였기에 그냥 바로 신설된 부산여자대학교에 입학해서 졸업했다. 그 대학이 지금은 신라대학교라는 종합대학교로 발전했다.

아버지께서는 1950년 말 백부가 경영한 대한도기의 감사이사로 취임하셨고 서면 연지동에서 엄진영 선생의 동생 엄대영 씨와 함께 건설식품을 창업하여 전무이사로 취임하셨다. 건설식품은 해군과 해병대에 건빵을 납품했다. 대한도기에 다니던 동생이 한동안 아버지께서

5. 내 나이 12~13살에 찾아온 어머니의 죽음과 나를 지켜준 사촌 오빠들의 죽음

내연의 처와 함께 사셨던 서면 연지동 집에서 통근했다. 아버지 내연의 처께서 교대하고 나온 동생을 광복동 미화당백화점 건너편에 있는 양복점 취미라사에 데려가셔서 양복을 맞춰주셨다. 그것이 동생이 어른이 되어 얻어 입은 최초의 양복이었다. 그 후 대한도기 직원들이 동생의 권유로 취미라사에서 양복을 많이 해 입었다. 그 양복점 주인이 서울 스위스 그랜드호텔에서 양복점을 운영했고 우리 집 아이들도 그 집에서 양복을 해 입었다.

6. 나를 지켜주신 고모님들과 불행해진 큰집 사람들

할머니께서는 자식들의 교육에 힘과 정성을 다 쏟으셨다. 백부와 아버지뿐만 아니라 고모님들도 당대 최고의 고등교육을 받으셨다. 하도상납을 한 할머니의 친정 오빠들이 서울을 드나들면서 급변하는 세상을 똑똑히 보았고 할머니께도 교육의 필요성을 강조했다. 할머니께서 특히 여성교육의 필요성을 절감하신 것 같았다.

왜정 때 할머니께서 고모님들을 교육시킨 덕을 톡톡히 보셨다. 일본 제국주의 시대가 끝날 무렵 순경들이 하루가 멀다고 북부동 친정에 들이닥쳤다. 항일극작활동을 하신 아버지 때문이었다. 할머니께서 뒤뜰 장독대 옆에 큰 구덩이를 두 개 파서 항아리를 묻으셨다. 한쪽 항아리에는 사용하지 않은 새 원고지를 넣으셨고 다른 항아리에는 아버지께서 쓰신 시나리오 원고를 넣어 두셨다. 순경들이 군화를 신은 채 안방이든 여자들이 있는 방이든 가리지 않고 온 집안을 샅샅이 뒤졌다. 그들은 아버지를 잡아넣을 증거를 찾으려고 혈안이 되었다. 금봉 고모님과 말봉 고모님께서 일본사람보다 훨씬 더 유창한 일본어로 "이 무식한 자식들아! 썩 꺼져라! 당장 나가라!" 하고 고래고래 소리를 지르셨다. 두 고모님들의 그 드센 기세에 눌린 순경들이 신발을 벗어 들고 물러갔다.

할머니께서는 세 명의 따님을 두셨다. 첫째 덕봉 고모님은 초등학교만 졸업했으나 고모부님께서는 와세다대학교를 나온 김해의 갑부셨고 장유면 조합장을 지내셨다. 장유면에 있는 덕봉 고모님의 저택 일부가 나중에 백부가 일본에 가서 모셔온 대한도기 정상근 소성과장의 관사로 사용되었다.

머리 좋은 둘째 금봉 고모님께서는 할머니의 친정 오빠들의 도움으로 서울의 정신여고에 입학하셨다. 그때에는 과년한 처녀가 혼자 서울에서 유학생활을 하는 것은 상상할 수 없는 일이었다. 백부에게 잡혀 내려왔고 동래일신에서 학업을 마치셨는데 여성정치인 박순천 여사와 동문이시다. 고모님께서는 정신여고를 다니시면서 천주교 성당에서 영세를 받으셨다. 금봉 고모님의 본명(세례명)은 우술라다.

금봉 고모님은 친정의 극렬한 반대를 뿌리치고 초량의 갑부이며 천주교 신자인 윤안두 고모부님께 시집가셨다. 안두는 안드레아(Andrea)의 한국식 이름이다. 고모부님께서는 『동아일보』 기자셨고 신간회에 관여하셨다. 백부는 고모부님을 썩 좋아하지 않았다. 백부는 고모부님께서 사사건건 바른 말씀을 하실 때마다 어린애 경기하듯이 깜짝 깜짝 놀랐다. 나는 그런 고모부님이 정말 멋있는 분이라고 생각했다.

해방되기 몇 년 전에 금봉 고모님과 고모부님께서 무남독녀 외동딸을 데리고 중국에 가셨다. 그곳에서 수리조합을 운영하셨다는 말을 들었다. 해방 후에 중국에서 나오실 때 무남독녀 외동딸이 남자 옷을 입고 있었고 남자처럼 보이려고 얼굴에 짙은 색을 칠했다. 6·25전쟁이 막바지에 이른 1952년 여름 고모부님께서 15회 헬싱키올림픽대회에 지방단체지도연구원으로 참여하셨다.

영주동에 가까운 초량동에 사셨던 금봉 고모님께서는 생긴 모습이 날카롭고 냉정하게 보였을 뿐이지 결코 냉정한 분이 아니셨다. 몸이 약하고 어머니를 잃은 나에게는 매우 자상하셨다. 많은 조카들 중에서 내가 초량 금봉 고모님 댁에 가장 많이 드나들었다고 생각했는데 그것은 사실이 아니었다. 새어머니가 낳은 동생들 중 한 명은 아예 금봉 고모님 댁에 살았고 그곳에서 고등학교를 졸업했다.

동래여고 다닐 때 금봉 고모님께서 영화표를 많이 얻어주셔서 주말이면 양산에서 친구들과 함께 동래에 나와 영화를 봤다. 그때 영주동에 시외버스터미널이 있어서 양산과 부산을 왕복하려면 반드시 그곳에 가야 했다. 친구들과 동래에서 영화를 보고 집에 가려면 영주동까지 걸어야 했다. 그때에는 변변한 식당이 없었다. 걷다가 배가 고프면 친구들과 고모님 댁에 가서 밥을 얻어먹었다.

금봉 고모님께서 1960년 4·19 이후 대한도기에서 밀양도기로 직장을 옮긴 동생을 장가보내려고 밀양으로 몇 번 찾아가셨다. 밀양도기에서 월급을 무려 140만 원이나 받고 있는 동생이 하숙하던 여관의 주인이 마침 금봉 고모님의 여고동창생이었다. 그분이 금봉 고모님께

6. 나를 지켜주신 고모님들과 불행해진 큰집 사람들

밀양도기 사장에게 좋은 딸이 있다면서 동생과 결혼시키자고 했다. 금봉 고모님께서 그 결혼을 성사시키려고 뛰어다니셨으나 성사되지는 않았다.

결혼하고 몇 년이 지난 1962년 초량으로 금봉 고모님을 찾아가서 우연히 지학순 신부님을 뵈었다. 고모님 댁에 갔는데 고모님께서 안 계셨다. 근처에 새로 생긴 초장동성당에 가셨다고 해서 그리로 찾아갔다. 초장동성당은 1962년 청주교구장 비서로 계시다가 오신 지학순 신부님께서 지으셨다. 금봉 고모님께서 지학순 신부님과 말씀을 나누고 계셨다. 고모님께서 나를 지학순 신부님께 소개하셨다. 신부님은 1967년 원주교구 창설과 함께 교구장으로 임명되시고 주교로 서품되셔서 원주로 가셨다. 내가 지학순 주교님을 다시 만나게 된 것은 그로부터 이십여 년이 지난 후의 일이다.

막내 말봉 고모님은 경남여고 4회 졸업생이신데 대석리의 명문가에 시집가셨다. 상해 임시의정원의 부의장(임시정부 부주석)을 지내신 이규홍 선생이 고모님의 시아버님이시다. 고모님의 시어머님은 시아버님보다 더 대단한 분이시다. 1935년 시어머님께서 남자로 변장을 하시고 상해로 가셔서 중증 폐결핵에 걸려 폐인이 되신 선생을 강제로 모셔오셨다. 고모님의 시댁은 왕실과 통혼할 수 있는 가문이라고 했다. 이것이 사실이라면 고모님의 시댁은 조선왕실이 벌렬閥閱이라고 부른 노론老論 벽파辟派가 틀림없다.[1] 이규홍 선생의 증조부(李正奎)는 승정원

---

[1] 차장섭, 『조선후기벌렬연구』, 일조각, 1997.

좌승지, 조부(李三基)는 한성부 좌윤, 그리고 부친(李宰榮)은 수군검절제사를 지내셨다. 고모님의 대석리 시댁은 1천수백여 평이나 되는 대지에 들어선 수십 칸짜리 저택이다. 지금은 그 저택이 대형 음식점으로 개조되었고 공중파 방송에도 나왔다.

말봉 고모님의 결혼은 백부의 강요로 이뤄졌다. 상해로 망명하시기 전 당신의 아들을 돌봐달라는 이규홍 선생의 부탁을 받은 백부가 그 결혼을 밀어붙였다. 그런데 고모부님은 말봉 고모님이 원하는 스타일이 아니셨다. 고모님께서는 의자매를 맺은 경남여고 동창생이 사는 거제로 도망쳐 숨으셨다. 그러나 결국 백부의 강요에 굴복하셨다.

말봉 고모님의 시대 재산도 친정에 못지않았다. 고모부님께서는 1937년경 연금상태에서 투병하시는 이규홍 선생의 막대한 농지와 임야를 팔아 선생의 명의로 부산에서 택시회사를 설립했고 십여 대의 택시를 운행했다. 1950년 11월 백부가 대한도기를 설립하자 고모부님께서 전무이사로 취임하셨다. 해방 후 말봉 고모님은 대석리 저택을 관리인들에게 맞기고 부산 부민동에 대지가 수백 평이나 되는 저택을 구입해서 사셨다. 고모님께서 부민동 저택으로 이사하시기 전에 동래 온천장에 또 다른 저택이 있었는데 그것을 백부에게 팔았다. 그것이 백부의 첩이 운영한 여관 벽초관이다.

말봉 고모님께서 할머니를 제일 많이 닮으셨다. 특히 어머니를 잃은 나를 걱정하고 배려하는 마음 씀씀이뿐만 아니라 모습까지 할머니를 빼다 박으셨다. 내가 결혼해서 서울 송천동(나중에 미아동으로 개칭)에

6. 나를 지켜주신 고모님들과 불행해진 큰집 사람들

처음으로 내 집을 마련했을 때 가세가 크게 기운 말봉 고모님께서 자식들 따라 서울에 올라오셔서 우리 집 근처 석관동에 집을 사셨다. 가난하고 힘든 결혼생활이었지만 말봉 고모님께서 가까이 계신다는 사실만으로도 견딜 수 있었다.

왜정시대 초에 있었던 백부의 결혼은 예정된 것이 아니었다. 백부께서 아주 먼 지역으로 선을 보러가시던 길에 날이 저물어 기장에서 지인의 저택을 찾아가 하룻밤 묵게 되었다. 그런데 마침 그 집안에도 결혼적령기의 처녀가 있다고 하여 선을 보게 되었는데 그 처녀가 나의 백모다. 기장에 있는 백모의 친정도 대단한 부자였다.

백모는 사람을 웃기는 능력이 있었다. 아래채에서 거의 매일 백모와 친구들의 웃음소리가 흘러나왔다. 백모가 내게도 우스꽝스런 질문을 던지고 이상한 대답을 한 기억이 있다. 6·25전쟁 때 백모가 내게 물었다.

"정수야."
"예."
"빨갱이가 왜 빨갱이냐?"
"……."
"색깔이 빨간 색이가?"
"아이고, 백모님. 공산당이란 말 아닙니까? 그것도 모르세요?"
"공산당이 왜 여기 있나? 이북에 있어야지."
"……."

할머니께서 백모가 계시는 아래채에 내려가시는 경우는 매우 드물었다. 할머니께서 부모님과 나와 동생과 함께 사셨던 친정의 위채는 백부가 사는 아래채와 나지막한 담을 경계로 붙어 있었고 그 담 옆에 공동으로 사용하는 우물이 있었다. 위채와 아래채가 붙어 있었는데도 할머니께서 아래채로 내려가시는 경우는 그리 많지 않았다. 언제부터 그랬는지는 모르겠으나 백모가 사람을 대할 때에는 항상 눈을 내리깔았고 한쪽 눈만 살며시 뜨고는 얼굴을 옆으로 돌려 째려봤다. 지금도 간혹 백모의 그런 모습을 떠올라서 기분이 상하곤 한다.

할머니께서는 맏며느리인 백모가 인색한 것을 못마땅해 하셨다. 백모가 사는 아래채에서는 커다란 뒤주에 넣어 둔 사과가 다 썩어서 문드러져 버린 경우가 종종 있었다. 그래도 백모는 그 사과를 이웃 사람들에게 나눠주지 않았다. 뒤주에 비누 수백 장이 말라 비틀어져도 백모는 나눠 쓰지 않았다.

할머니께서 가끔씩 백모의 외출을 유도하셨고 사람들을 시켜 사과와 비누를 끄집어내셨다. 미리 연락받은 동네 사람들이 모여들었고 백모가 숨겨놓은 물건으로 큰 잔치가 벌어졌다. 할머니께서 돌아온 백모에게 이렇게 말씀하셨다. "너는 도대체 베푸는 것은 없고 빼앗기는 것만 있다. 베풀고 살아야 한다. 반드시 그래야 한다." 그런 일이 종종 있었는데 그때마다 백모가 내게 말했다. "정수야, 왜 사람들이 나에게 인사를 하지 않지? 남의 물건을 가져갔으면 인사가 있어야 하는 것 아이가. 내 말이 안 맞나."

백모는 의심이 많았다. 도무지 사람을 믿지 않았다. 왜정 때 어느

6. 나를 지켜주신 고모님들과 불행해진 큰집 사람들 103

날 백모가 내게 말했다. "정수야. 참 이상하다. 창렬이만 왔다 가면 집에 있는 칼이 없어진다. 정수야. 다음에 창렬이 오면 칼 도로 갖다 놓으라고 해라." 창렬은 백모의 첫째 아들 세롱 오빠의 아들인데 그때 동래고보를 다니고 있어서 주말에만 친정에 와 있었다. 백모가 없어졌다고 주장한 칼은 부엌에서 쓰는 보통 칼이 아니라 독일제 만능 칼이었다. 그런데 그 독일제 만능 칼은 한참 후에 백모의 집에서 나왔다.

나도 백모의 의심을 여러 번 받았다. 결혼하고 몇 달 되지 않았는데 백모가 서울 송천동(미아동) 우리 집에 전화를 해서 가져간 백자화분을 가져오라고 했다. 대한도기 감사이사이셨던 아버지께서 우리 집에 갖다놓으신 백자화분이 여러 개 있었다. 그것을 몽땅 택시에 싣고 백모가 계시는 서계동 집으로 갔다. 그 이야기를 들은 백부가 불같이 화를 냈다. "도대체 그것들이 몇 푼이나 한다고! 대한도기 사장을 하는 내 집에 있는 백자화분이 수천 개 아닌가!" 둘째 아들을 낳고 친정에 가서 인사를 하고 왔는데 백모의 몸종이 다 떨어진 고무신 한 짝을 들고 바로 내 뒤를 쫓아왔다. 내가 그 다 떨어진 고무신을 신고 가서 백모의 새 고무신으로 바꿔 신고 왔다면서 백모의 새 고무신을 내놓으라고 했다. 나는 백모보다 발이 훨씬 커서 백모의 고무신을 신을 수 없었다. 그때 동래 신흥고무공장에서 매년 백부님 댁에 고무신을 가마니에 가득 담아 보내주었다. 백부님 댁에는 항상 남에게 주거나 버려야 할 고무신이 수백 켤레 쌓여 있었다.

백모는 유난히 술을 많이 마셨다. 거의 매일 술을 마시다시피 했다. 뿐만 아니라 백모는 이해할 수 없는 이상한 행동을 반복적으로 했다.

왜정 때 어느 해 여름 백모가 모시한복을 잘 차려입고 낙차 둑에서 뛰어내린 적이 있었다. 사람들이 백모를 건져내느라 곤혹을 치렀다. 그 후에도 그런 일이 여러 번 반복되었으나 백모는 그때마다 목숨을 건졌다.

나는 백모가 슬픔을 못 이겨서 술을 마시고 강물에 몸을 던졌다고 생각했다. 실제로 백모가 겪은 불행은 감당하기 힘든 것이었다. 첫째 아들 세롱 오빠와 셋째 아들 성롱 오빠 그리고 넷째 아들 의롱 오빠가 청년시절에 죽었다. 그 잘난 아들을 셋이나 잃었으니 슬픔이 엄청났을 것이다.

그런데 내 친동생은 백모의 술버릇이 집안 내력인지도 모른다고 생각한다. 동생이 대한도기에 있을 때 백모와 같은 성씨를 쓰는 백모의 친척이 대한도기 발전소 기사로 있었는데 그도 계속 술을 마셨다. 동생이 그를 나무랐다. "근무 중에 그렇게 술을 마시면 되느냐?" 그가 대답했다. "제가 뱃놈이라 그렇습니다."

내가 아는 한 백부와 백모의 자손은 아들 다섯에 딸 둘이다. 이렇게 말하는 것은 친정의 제적증명에 나도 모르는 사람이 있다는 말을 들었기 때문이다. 백부의 큰아들 세롱 오빠는 연희전문을 졸업하고 일본에 유학을 한 당대의 엘리트였는데 30대 초반에 폐결핵으로 죽었다. 세롱 오빠는 윤수남과 결혼했는데 사촌 올케는 오빠가 죽은 후에도 재가하지 않았고 수절했다. 올케의 친정도 명문가다. 올케의 형부가 조선견직 사장이며 국회의원을 지낸 김지태다. 그는 경남고와 부산상

6. 나를 지켜주신 고모님들과 불행해진 큰집 사람들

대를 나왔다.

세룡 오빠의 딸 은희는 이화여대를 졸업했고 그 유명한 장도영 계열의 헌병대위 김석률과 결혼했다. 그는 5·16군사혁명 당시 제1한강교를 지키는 헌병대를 지휘하던 중 김포에서 서울로 진입하는 혁명군에게 발포를 명령해서 유명해졌다. 김석률 대위의 집이 신당초등학교 뒤에 있었고 은희는 약수동 백부 댁에서 살았다. 김석률 대위의 집에서 은희가 살던 백부의 집까지 거리가 500미터 정도밖에 되지 않았다.

세룡 오빠의 아들 창렬은 말은 어눌하게 했지만 부산대를 우수한 성적으로 졸업했는데 실종되고 말았다. 창렬은 착실하고 공부도 잘했고 겸손하고 똑똑했다. 그가 실종되기 전 부산에서 내 친동생에게 이런 말을 했다. "제가 말이 어눌해서 저도 창피합니다. 아저씨도 저 때문에 창피하시지요. 정말 죄송합니다." 친정집 사람들은 장손인 그가 언제 어디서 실종되었는지 몰랐고 지금도 모른다. 그러나 창렬의 실종에 관한 친정집 사람들의 일치된 추측은 있었고 모두가 분노에 치를 떨었다.

둘째 아들 한용 오빠는 밀양농고에서 교편을 잡았다. 그 후 대한도기 경리과장을 지냈고 캐나다로 이민을 갔다. 첫째 아들은 지금 미국에서 공인회계사(CPA)로 활동하고 있고 가끔씩 귀국하면 나를 꼭 찾는다. 한용 오빠에게는 아들이 둘 더 있고 고명딸도 있다.

큰딸 정선 언니는 어떤 말 못할 사정 때문에 구포역장을 지낸 형부와 결혼했고 대한도기에서 그릇을 납품받아 남포동에서 그릇도매를 했다. 정선 언니가 결혼할 때 어머니와 내가 함께 찍은 사진이 많았는데 지금은 다 타버리고 없다. 정선 언니의 큰아들은 한양공대 요업과를 나왔고 지금 이천에서 살고 있다. 불행하게도 정선 언니의 쌍둥이 아들은 머리가 기형적으로 큰 가분수로 태어나서 일찍 죽었다.

둘째 딸 정자 언니는 자신이 해야 할 일을 모두 남의 손으로 해결했다. 방학이 끝날 무렵이면 숙제며 일기며 준비물을 모조리 남이 챙겨주었다. 그해 여름에도 방학이 끝나기 하루 전에 언니가 내 일기장을 베끼고 있었다. 그날은 참지 않고 뺐었다. 언니가 백모에게 일렀고 백모가 언제 비가 왔고 언제 구름이 끼었는지 그것만 보자면서 내 일기장을 가지고 오라고 했다. 내가 쓴 일기를 손으로 가리고 날씨만 보여주었다. 그래도 언니는 이리저리 기웃거리면서 내 일기를 베꼈다. 내가 백모에게 이러면 안 된다고 소리를 지르며 따졌다. 백모가 말했다. "너하고 정자는 날마다 붙어 있으니까 똑같이 써도 된다."

백모와 정자 언니 때문에 곤경에 빠진 적이 몇 번 있었다. 말은 건너갈 때마다 좋지 않은 방향으로 불어나기 마련인데 그들은 다른 사람들에 관련된 말을 자꾸 지분거렸고 그들의 말을 전달하던 중에 큰 곤혹을 치렀다. 그 후로는 남에게 들은 말을 절대로 다른 사람에게 옮기지 않았다. 아무리 좋은 말이나 칭찬일지라도 남에 관한 것은 절대로 다른 사람에게 옮기지 않았다. 그것이 곤경에 빠지지 않는 가장 확실한 방법이었다. 나는 지금도 남에 관한 말은 아무리 좋은 것일지라도 다른 사람에게 옮기지 않는다.

정자 언니는 결혼한 후에도 시어머니가 계모라며 시댁에 가지 않고 초량에 있는 백부의 저택에 눌러앉았다. 초량동에 있는 백부의 저택도 대지가 수백 평이었다. 그곳에서 왼쪽으로 멀리 크고 좋은 경남도지사 관사가 보였다. 확실한지는 모르겠으나 그때 양성봉이라는 분이 경남도지사였다.

정자 언니가 초량동 백부의 집에 있을 때 다니러 온 내 친동생이 자신의 미놀타 카메라를 가져갔다고 생떼를 썼다. 그때 동생은 대한도기 소성2과에서 월급을 무려 7만 5천 원이나 받는 유능한 요업기술자로 성장해 있었다. 동생이 아무 말 하지 않고 똑같은 미놀타 카메라를 사다 주었다. 그런데 한참 후에 그 미놀타 카메라가 나왔다. 그래도 정자 언니는 동생에게 미안하다는 말을 하지 않았다.

정자 언니가 결혼 후에도 시어머니가 계모라면서 시댁으로 들어가지 않고 초량동 백부의 집에서 버티다가 결국 넘어서는 안 될 선을 넘었다. 할머니께 말했다. "할아버지가 남긴 돈은 할머니가 다 쓰고 없다. 내 아버지가 대한도기로 번 돈 할머니가 다 써버린다." 할머니께서 껌벅 넘어가시면서 소리를 지르셨다 "이 박살할 년! 네 아버지가 누구냐! 너의 아버지가 내 아들 아니냐! 이 박살할 년!" 할머니의 대변에 피가 섞여 나왔고 할머니께서는 동래 대법사로 가버리셨다. 고모 세분이 달려오시고 국회의원이 되어 서울에 계시던 백부가 수영비행장에 내려 달려오는 소동이 벌어졌다. 백부는 그 후에도 정자 언니가 초량 집을 떠날 생각을 하지 않자 대한도기 근처에 집을 지어 내보냈다. 정자 언니의 남편은 대한도기 관리과 주임 노릇을 하면서 살았다.

십여 년 전 정자 언니가 암으로 죽기 얼마 전에 날 찾아왔다. 그날 밤 함께 자면서 화해했고 그동안 쌓인 미운 감정을 다 풀어버렸다. 그런데 그날 밤도 옛날 얘기를 하다가 조금 싸웠다. 가끔 정자 언니가 생각날 때마다 언니의 명복을 빌고 있다. 언니의 자식들은 모두 다 잘되어 부산과 경남지방에서 잘 살고 있다.

  백부와 백모 사이에는 셋째 아들 성룡 오빠와 넷째 아들 의룡 오빠 말고 막내아들이 있다. 성룡 오빠와 의룡 오빠에 관해서는 앞 장에서 언급했고 백부의 막내아들에 관해서는 8장에서 언급한다.

7. 양반 출신 서울대 교수와의 혼인

　　1958년 이른 봄 어느 날 새벽녘이었다. 양산천 강가에서 어디서 본 듯한 자태를 한 굉장히 아름다운 삼십대 중반의 여인을 만났다. 그 여인은 어머니께서 돌아가실 때 할머니께서 입혀주신 바로 그 옥색 깨끼치마저고리를 입고 있었다. 꿈에서라도 한번 뵈었으면 하던 어머니가 틀림없었다. 그런데 내게 등을 돌리고 서 계시던 어머니께서 갑자기 어디론가 가시려고 움직였다. 깜짝 놀라 소리를 지르며 달려갔다. "엄마!" 어머니께서 마지못해 고개를 돌려 나를 쳐다보았으나 아무 말씀을 하지 않으셨다. 머쓱해졌고 어머니를 쳐다보면서 그냥 엉거주춤 그렇게 서 있었다. 어머니께서 다가오셔서 내 손을 꼭 잡으며 말씀하셨다. "정수야, 내 있는 데로 오너라." 꿈이었다.

　　그날 아침 베갯속을 넣고 있는 할머니께 그 꿈 이야기를 하고 있는데 이집 저집 다니면서 점을 봐주는 언양댁이 찾아왔다. 그분이 베갯속을 넣고 있는 할머니를 거들며 물었다. "혼사 정하셨습니까?" 베갯속을 넣는다는 것은 손님을 치르겠다는 뜻이다. 언양댁의 질문은 이미 혼사를 정해서 손님 치를 준비를 하느냐는 것이었다.

할머니께서 말씀하셨다. "우리 정수 스물셋 안 넘긴다." 언양댁이 할머니께 단도직입적으로 여쭈었다. "박도사 손자 어떻습니까?" 계속 베갯속을 집어넣던 할머니의 입에서 나지막한 탄성이 흘러나왔다. "맞다. 박도사 집이 산막이제……" 이미 할머니께서는 그 집안을 나의 혼처로 점찍어 두고 계셨다. 할머니께서 잠시 일손을 놓으시고 생각에 잠기셨다. "그렇지…… 박도사 집이 산막이다." 할머니께서 나를 쳐다보면서 고개를 깊이 끄덕이시고는 다시 베갯속을 집어넣기 시작하셨다. 할머니의 표정이 조금씩 밝아졌고 베갯속을 넣는 손놀림이 점점 빨라졌다. "우리 정수 스물셋 안 넘긴다."

십 년 만에 어머니께서 꿈에 나타나셔서 내게 하신 그 말씀이 도대체 무슨 뜻인지 궁금했고 한편으로는 무서웠다. "엄마가 계신 곳으로 오라면…… 그럼, 엄마가 저승에서 나를 데리러 오셨단 말인가…… 그럼 이제 나도 죽어야 한단 말인가……" 어머니가 너무 보고 싶어서 그런 꿈을 꾼 모양이었으나 아무튼 그 꿈을 꾸고 나서는 마음이 뒤숭숭했다. "설마 어머니께서 결혼을 앞둔 딸을 저승에 데려가시려고 십 년 만에 나타나셨을 리는 없을 텐데……."

나와 사촌 정자언니와 오촌조카 은희는 양산초등학교 같은 학년에 다녔고 나란히 함께 자랐다. 정자 언니는 나보다 한 살 많았지만 홍역을 심하게 앓아 학교를 한 해 쉬었고 은희는 학교를 한해 일찍 들어가서 셋이 같은 학년이 되었다. 우리는 얼마든지 잘 지낼 수 있었으나 개성이 강했고 지고는 못사는 성격이었다. 게다가 어른들의 부질없는 경쟁심 대문에 우리는 사이가 별로 좋지 않았다. 정자 언니의 뒤에는

7. 양반 출신 서울대 교수와의 혼인

백모가 버티고 있었고 은희 뒤에는 청산과부가 되어 수절하는 사촌 올케가 지키고 있었다. 올케는 고명딸 은희에게 피아노며 무용(승무)이며 별의별 것을 다 가르쳤고 온갖 정성을 다 쏟아 부었다. 어머니를 일찍 잃은 나는 그것이 그렇게 부러웠고 정자 언니와 은희의 위세에 짓눌려 지내야 했다. 백모와 정자 언니는 어머니를 잃은 내게 동정을 베풀지 않았다. 그들은 내가 아무리 작은 실수를 해도 덮어주기는커녕 자꾸 들춰냈다.

할머니께서 나를 치마폭에 싸고도셔서 아쉬운 것은 없었으나 그때 나의 삶을 사촌 정자 언니와 은희가 누린 호사와 비교할 수는 없다. 어찌되었든 할머니의 뒷받침은 든든했다. 친정에서 할머니보다 더 강력한 배경은 없었다. 할머니 앞에서는 백부도 쩔쩔맸고 꼼짝 못했다. 그런 할머니께서 눈에 뜨이게 나를 편애하셨고 정자 언니와 은희는 할머니를 비아냥거렸다. 어느 날 정자 언니와 내가 정원에서 봉숭아 잎을 자르다가 언니가 내 손가락을 베었다. 언니가 내 손가락을 치료해주면서 말했다. "절에 가고 안 계시는 할머니께서 오시기 전에 정수 손가락이 빨리 아물어야 할 텐데……" 걱정이 반이고 비아냥거림이 반이었다.

할머니께서 나의 결혼 때문에 신경을 바짝 곤두세우고 계셨다. 백부가 두 딸의 결혼에 실패하는 것을 봤고 은희의 결혼도 못마땅했다. 고모님들도 모두 당대에 내로라하는 부잣집으로 시집을 갔으나 시댁이 다 흐지부지 망하고 있었다. 할머니께서는 물론이고 아버지께서도 나 하나 만큼은 비록 가진 것은 많지 않아도 공부를 많이 하고 똑똑한 사람에게 시집보낼 생각을 갖고 계셨다.

　그런데 내가 폐병 환자라는 소문이 나돌았다. 사실 그런 소문이 나는 것이 무리는 아니었다. 나는 굉장히 웃자랐다. 키가 170cm에 가까웠으나 체중은 40kg도 채 되지 않았다. 얼굴은 주먹만 했고 어머니를 닮아 눈이 유난히 커서 얼굴에 눈밖에 보이지 않았다. 병색이 완연하다고 몰아갈 수 있는 그런 모습이었다. 게다가 은희의 아버지 세롱 오빠도 젊어서 폐병으로 죽은 터라 내가 폐병을 앓고 있다는 소문이 돌 만도 했다.

　백부가 나를 어머니께서 돌아가시기 전에 수술을 받은 부산 순천병원에 데리고 가서 입원시키고 건강검진을 했다. 체중은 정상에 크게 미달했으나 다행히 폐병은 아니었고 뜻밖에도 비교적 건강한 편이라는 결과가 나왔다. 죽은 성롱 오빠와 의롱 오빠가 가르쳐준 탁구 덕분인 듯했다. 그때 이미 나의 탁구 실력은 경지에 올라섰다. 어지간한 남자도 내 스매싱을 제대로 받아내지 못했다.

　내가 폐병 환자라는 소문을 퍼뜨린 사람은 백부가 운영하는 노암장학회 장학금으로 서울에서 명문대를 졸업하고 명문고에서 교편을 잡고 있었다. 그는 아버지 덕분에 대학 등록금을 마련했고 노암장학회 장학생이 되었는데 두뇌가 명석했고 백부의 수족이었다. 백부와 아버지께서 그에게 집안의 대소사를 맡기는 경우가 많았기 때문에 그가 아버지의 사위가 되리라고 상상한 것도 무리는 아니었다. 그는 내가 폐병 환자인데 자기 말고는 나를 데려갈 사람이 없다는 말을 공공연히 하고 다녔다.

 백부는 나름대로 나의 신랑감을 물색해두었다. 그는 백부의 친구 아들인데 서울대학교 의과대학을 졸업한 의사였다. 그런데 알고 보니까 그 사람도 어머니가 일찍 돌아가셨고 계모 밑에서 자랐다. 백부는 그 사실을 몰랐고 그 사실을 알게 된 백모가 극렬하게 반대했다. 아버지께서도 백부가 찾아낸 내 신랑후보를 반대했지만 그가 계모 밑에서 자랐기 때문만은 아니었다. 할머니와 아버지께서는 이미 오래 전부터 박도사 손자를 나의 신랑감으로 점찍어두고 계셨다.

 그해 말 어느 날 할머니께서 "정수 결혼 올해를 넘기지 말자"고 하시면서 집안사람들에게 "산막의 박도사 손자가 어떠냐?"고 물으셨다. 대뜸 아버지께서 "그 이상 더 좋은 정수 신랑감은 없습니다"라고 맞장구를 치셨다. 금봉 고모님께서 말씀하셨다. "아이고, 그 댁은 어머님이 대단하시다는데……."

 산막의 박도사 손자라는 말을 듣는 순간 "산막"이라는 단어가 유난히 크게 들렸고 며칠 전 꿈에서 어머니께서 하신 말씀이 생각났다. "정수야, 내 있는 데로 오너라." 어머니의 산소가 있는 데가 바로 산막리 영동마을 뒤에 있는 원효산, 즉 지금의 천성산 자락이다. 어릴 적 아버지와 함께 은어 잡이를 했던 곳이 바로 산막리 영동마을 샛강 자갈마치였다. 그곳은 내가 어머니 장례 치르는 날 전병건 선생의 사위가 된 이시찬 오빠의 등에 업혀 건넌 바로 그 샛강이다.

산막이라는 지명은 신라의 요석공주가 원효대사를 기다리기 위해 그곳에 산막을 지었다는 전설에서 유래했다. 박도사라는 호칭은 양산에서 의금부도사를 지내신 박천수 어른을 일컫는 말이다. 지금도 양산향교에 그분을 기리는 비석이 있다. 할머니와 아버지께서는 비록 그리 큰 부자는 아니지만 그 어엿한 양반가에 나를 시집보낼 참이었다.

양산의 의금부도사 박천수 어른은 밀양박씨 밀직부원군파密直府院君派 21대 종손이다. 고려 공민왕대의 밀직부원군(박중미)은 밀양박씨의 열두 분 중시조들 중 한 분으로 묘는 청도군 풍각면 묘봉산에 있다. 임진왜란 직후 박도사 어른의 선조 정일품 지중추부사知中樞府事 어른이 임진왜란 때 의병활동이 가장 활발했던 경상우도 청도 현풍에서 삼랑진과 물금을 거쳐서 양산으로 들어오셨다.

아버지께서 박도사 어른의 손자를 눈여겨보게 된 데는 사연이 있었다. 수년 전 여름 방학 때 양산중학교 운동장에서 큰 싸움이 벌어졌다. 양산 출신 대학생들과 경찰관들이 축구시합을 하다가 주심을 보던 대학생이 오심을 하는 바람에 주먹다짐이 벌어진 것이다. 대학생들이 싸움을 피하려고 북부동 친정집에 몰려왔다. "공자도 실수를 하는데……" 그때 침착하게 그 큰 싸움을 진정시킨 청년이 바로 박도사의 손자였다. 그때 그 청년은 서울대학교 문리과대학 정치학과 학생이었다. 그 청년에게도 나의 아버지는 우상이었다.

"내 있는 데로 오라"는 어머니의 말씀이 무슨 뜻인지 확인된 마당에 더 이상 미적거릴 이유가 없었다. 사실 그 이전부터 나는 학생회 활동을 통해 박도사 어른의 손자를 잘 알고 있었다. 우리는 서로에게 호감을 갖고 있었다. 고민 끝에 내가 직접 편지를 써 보냈다. 그냥 거두절미하고 "내가 당신의 신붓감으로 어떠냐?"고 물었다. 답장이 왔다. "우리가 좋은 오누이가 되면 좋을 것 같다"고 했다. 내가 "그것은 싫다"고 답장을 보냈다. 그리고 며칠이 지난 어느 날 오전 내가 부민동 말봉 고모님 댁에 있는데 그리로 박도사 어른의 손자가 전화를 했다. 백부에게 전화를 해서 내가 부민동 말봉 고모님 댁에 있다는 것과 고모님 댁 전화번호를 알아낸 것이다.

그날 중으로 박도사 어른의 손자가 시고모 되실 분과 함께 부민동 고모님 댁으로 찾아왔다. 마침 부민동 말봉 고모님과 시고모 되실 분은 경남여고 1년 선후배 사이였고 동향이라 서로 잘 알고 있었다. 서로 반가운 인사를 주고받았고 아주 긴 정담이 오고갔다. 그동안 박도사 어른의 손자와 나는 별채로 가서 이야기를 나누었는데 청혼이었다. 그때 그는 이미 서울대학교 문리과대학 정치학과 교수였다. 그가 "교수는 경제적으로 어려운데 직장생활을 할 의향은 없느냐?"고 물었다. 내가 "지금은 그럴 생각이 없는데 생각은 한번 해보겠다"고 대답했다. 그가 내 부모님의 허락을 받겠다고 하여 "내가 당신 편을 들겠다"고 했다. 그날 말봉 고모님도 크게 만족하셨다.

혼삿말이 전격적으로 진행되어 실제로 그해 동짓달이 다 가기 전에 혼인을 했다. 결혼식 피로연은 북부동 친정이 아니라 대석리 말봉 고모님 시댁에서 성대하게 치렀다. 친정에 있다가 시댁으로 신행을 가는데 아버지가 아니라 백부가 따라왔다. 백부가 시아버님께 나의 험

담을 했다. "어머니 일찍 죽고 할머니께서 키운 아이라서……" 그때 백부가 나에 관해서 무슨 험담을 하셨는지는 잘 모르겠으나 시아버님께서 이렇게 대답하셨다. "자기 새끼 잡아먹는 호랑이 없습니다. 걱정 안 하셔도 됩니다."

신행 온 다음 날 시댁의 선대 묘에 예를 갖추러 갔다가 깜짝 놀랐다. 시댁의 선산과 어머니 산소가 오솔길 하나 사이로 나란히 붙어 있었다. 오랜만에 마음이 푸근해졌고 정말 좋았다. 그 후로 시아버님께서 어머니 산소도 관심을 갖고 잘 돌봐주셨다. "내 있는 데로 오라"는 어머니 말씀이 이뤄진 것이다.

결혼을 하고 한참 뒤에 알게 되었는데 시아버지께서 처음에는 친정의 청혼을 딱 잘라서 거절하셨다. 시아버지께서 우리의 청혼을 거절하신 이유는 시댁은 양반이고 친정은 양반이 아니라는 것이었다. 백부가 시아버지께 단호하게 말했다. "박처사, 옛날에는 당신네들이 양반이었는지는 모르겠으나 지금은 내가 양반입니다. 지금 내가 양산의 국회의원 아니오."

남편은 1951년 부산에서 서울대학교 문리과대학 정치학과에 입학했다. 1953년 서울대학교가 서울로 환도하자 통행금지 예비사이렌 소리를 듣고 도서관을 나서도 통행금지에 걸리지 않고 도착할 수 있도록 동숭동 문리과대학에서 도보로 15분 거리 안에 있는 하숙집을 정했다. 남편은 부모님이 논밭을 팔아 보내주시는 돈으로 아르바이트를 하지 않고 공부에 전념했다. 교수님들이 어려운 질문을 해도 제대로 알아

듣고 올바른 대답을 하는 남편을 좋아했다. 남편이 대학원 다닐 때 교수님들이 항상 도서관에 있는 남편에게 연구실 열쇠를 맡기는 경우가 많았다. 대학원 시절 남편은 강의시간 이외의 시간을 교수님들의 연구실이나 도서관 열람실에서 보냈다. 1954년 어느 날 정치학과 학생대표가 도서관 열람실로 남편을 찾아와서 이용희 교수님께서 모임을 만들려고 하시니 함께하자고 해 수요회水曜會라는 모임에 참여했다. 대학원 1학년이 끝날 무렵 민병태 교수님께서 한국은행 조사부에 취직하면 대학원공부와 병행할 수 있으니 학생과에 가서 서류준비를 하라고 하셨다. 다음날 학생과에 가서 한국은행 입사지원마감일이 지난 사실을 알았고 교수님께 말씀드렸더니 교수님이 직접 학생과에 가서 필요한 서류를 만들어 몸소 한국은행에 가셔서 서류를 접수하셨다. 맨 마지막 수험번호를 달았고 30대 1의 경쟁을 뚫었는데 합격된 부서는 남편이 지원한 조사부가 아니라 외국부 외자과였다. 외자과장님이 영어성적만 보고 4명을 외자과 직원으로 받아왔다고 하였다. 한국은행에 출근하기 전날 저녁에 명륜동4가에 있는 이용희 교수님 댁에 연구실 열쇠를 돌려드리려고 가서 한국은행에 출근하게 된 경위를 말씀드렸다. 교수님이 고작 한국은행에 입사해서 월급 몇 만원 받으려고 대학원 공부를 했느냐면서 화를 내시는 바람에 남편이 그 위세에 눌려 자신도 모르게 무릎을 꿇었다. 통행금지 예비사이렌 소리가 나고서야 겨우 하직인사를 하고 물러나왔다. 그 뒤 1년간 중국어에 능통하신 이용희 교수님께서 지금의 플라자호텔 뒤쪽 북창동에 있는 중국서적상에 자주 들르셨다. 그때마다 이용희 교수님께서 한국은행으로 남편을 찾아오셨다. 남편은 한국은행에서 퇴근하자마자 곧장 이용희 교수님의 연구실로 달려갔다. 한국은행 외국부 외자과는 주로 미국원조자금(ICA) 경매를 담당했다. 신용장계 3명은 무역을 담당했고 신용장을 개설했다. 1주일에 1회 정도 원조자금 경매가 있었는데 후일 경제기획원이 된 부흥부에서 최창락 사무관이 나와 정부를 대표해서 입회했고 경매결과를 확인했다. 1956년 5월 초 남편이 1년간의 한은생활을 마치고 문리대 정치학과의 무급조교가 되었다. 그때 한국은행 직원들은 남편의 그 결정을 이해하지 못하겠다면서 섭섭해 했다. 남편은 무급조교 시절 이용희 교수님의 지도를 받아 "한국국제정치학회" 창설을 도왔다. 그때 스위스운하전쟁이 터져 이용희 교수님께서 장장 4개월 동안이나 그 지역을 여행하셨다. 남편은 1958년 4월 30일 전임강사 발령을 받아 만 26세라는 젊은 나이에 서울대학교 교수가 되었고 그해 12월 26일 나와 결혼했다.

나의 시댁이 양반이라는 것은 틀림없는 사실이었다. 백부는 정선 언니와 정자 언니 그리고 은희가 결혼했을 때 신혼살림과 지참금을 두둑하게 줘 보냈다. 그런 백부가 나에게는 집을 사주겠다는 약속을 끝내 지키지 않았고 지참금도 주지 않았다. 섭섭했다. 그런데도 시댁과 남편은 그에 관해 일언반구 하지 않았다. 만일 정선 언니와 정자 언니 그리고 은희가 나처럼 시집을 갔었더라면 아마 무사하지 못했을 것이다. 시어머니께서 시집오실 때 가져온 전답을 팔아 신혼살림을 시작할 전셋돈을 마련해주셨다. "아, 이래서 박도사 댁을 양반이라고 하는구나." 그때 나는 몸 둘 바를 몰랐다. 친정은 내 결혼식 때 들어온 결혼축의금과 축의금을 낸 분들의 명단조차 주지 않았다. 남편이 인사를 해야 한다면서 축의금 보낸 분들의 명단을 달라고 했을 때 어디로든 숨고 싶었다. 누가 내 결혼축의금을 착복했는지 알고 있지만 도저히 창피해서 말을 할 수 없다. 한참 후 내 결혼축의금을 착복한 사람이 남의 집 평상에서 객사했다는 소식을 듣고 큰 충격을 받았다.

동숭동에서 신혼살림을 시작하면서 6·25전쟁 때 돌아가신 시숙의 외동아들을 맡아달라는 시댁의 부탁을 두말하지 않고 받아들였다. 세상에 공짜가 없다는 생각을 했다. 어려서 일찍 어머니를 잃고 주변의 많은 사람들의 도움으로 지금까지 살아왔으니 이제 내가 베풀어 돌려주어야 한다고 생각했다. 그때 남편이 쉽지 않은 결정을 내렸다며 나를 격려해주었다. 시조카를 데려와서 창경초등학교 6학년에 전학시켜 길렀다. 그는 경기고등학교 시험에 낙방해서 중동고등학교에 갔고 서울대학교 의대 시험에 낙방했으나 이듬해에 서울대학교 법대에 들어갔다. 그가 서울법대를 졸업할 때까지 집에 데리고 있었다. 그가 부산은행 서울지점에 근무할 때에도 데리고 있었다.

신혼살림은 서울대학교 문리과대학이 있는 동숭동의 모 장군의 저택에 전세로 들어가 시작했다. 거기서 첫 아들을 사산했다. 서울대병원 산부인과에 예약이 되어 있었는데 예정된 시간보다 진통이 일찍 시작되었고 택시를 못 잡아 갈 수 없었다. 문길이 엄마가 근처에 있는 산파를 데려왔다. 그런데 이 산파가 돌팔이였는지 건강하게 출산한 첫 아들을 죽이고 말았다.

대한도기 소성2과에 근무하던 동생이 나의 첫 아들 사산 소식을 듣고 놀라 서울에 가려고 경리과장 한용 오빠에게 가불을 신청했다. 그러자 한용 오빠가 가불을 해주기는커녕, "야 이놈아, 누나가 사산을 했는데 네가 왜 가려고 하느냐!"며 호통을 쳐서 울면서 사무실에서 내려갔다. 그때 경리과장 바로 옆에 있던 총무부장 김학권이 동생을 쫓아와 돈 15만 원을 쥐어주었다. 동생이 삼랑진역에서 딸기를 한 박스 사서 날 찾아왔다. 나중에 동생이 그 돈을 갚으려 했으나 김학권은 받지 않았다.

동숭동에서 첫 아이를 잃고 잠시 명륜동으로 옮겼다가 송천동으로 가서 작은 집을 샀다. 그때에는 미아동을 송천동이라고 불렀다. 서울에 올라온 친정집 사람들은 어떤 일이 있어도 미아리고개를 넘어 북쪽으로 가면 안 된다고 했다. 옛날에 미아리고개 북쪽이 공동묘지였기 때문에 그랬던 것 같다. 그래도 첫 아들을 잃은 동숭동 집에서는 더 살고 싶지 않았고 그때 가진 전셋돈으로 집을 사려면 미아리고개를 넘는 수밖에 없었다. 그냥 눈 딱 감고 송천동 미아삼거리에 있는 방 세 칸짜리 집을 샀다.

8. 윤보선 대통령의 동서에게로 넘어간
   부산의 일류(一流) 대한도기주식회사

부산의 일류 대한도기주식회사의 설립과 운명에 관한 이야기를 제대로 이해하려면 약간의 사회과학 지식이 필요하다. 이제 자율적인 발전국가(autonomous developmental state)가 대한민국의 경제발전을 가능케 한 원인, 즉 독립변수(independent variable)라는 결론에 반대하는 사람은 국내외 어디에서도 찾아볼 수 없다. 자율적 국가란 사회를 지배하는 세력의 영향력으로부터 자율적인 국가를 의미한다.

그런데 조선은 자율적 국가의 전통이 아예 없었다. 조선이라는 국가는 사회 지배세력으로부터 전혀 자율적이지 못했고 미약했다. 말기의 조선은 노론老論하고도 벽파辟派라는 강력하지만 부패하고 무능한 사회세력에 의해 완벽하게 포섭된 국가였다. 바로 그들이 조선패망의 책임을 져야 할 사람들이다. 조선의 국가는 미약했고 조선의 사회는 강력했는데 이것이 식민지 또는 후진국의 전형적 모습이다. 조선은 대한민국에게 전해줄 자율적 국가의 전통이라는 것이 아예 없었다.

그럼에도 불구하고 대한민국이 자율적인 발전국가를 갖게 된 것은 이승만 대통령의 농지개혁과 6·25전쟁 때문이라는 것이 관련 학계의 일치된 견해다. 이승만 대통령의 농지개혁은 세계적인 성공사례로 꼽힌다. 만일 이승만 대통령의 농지개혁이 성공하지 못했더라면 박정희 대통령의 경제개발도 불가능했으리라고 말할 수 있다.

이승만 대통령의 농지개혁은 경자유전耕者有田의 원칙에 따른 것으로 '유상몰수, 유상분배'의 방법으로 시행되었다. 경자유전이란 농지를 실제로 경작하는 사람이 소유하는 것이다. '유상몰수, 유상분배'는 정부가 농사를 짓지 않는 부재지주의 농지를 적절한 가격에 매입해서 농사를 짓는 농민에게 매도하는 것이다. 이승만의 농지개혁은 철두철미하게 자본주의적이었다. 북한에서도 농지개혁이 있었으나 그것은 '무상몰수, 무상분배'의 공산주의 농지개혁이었다.

6·25전쟁이 농지개혁으로 받은 돈을 그대로 갖고 있는 지주에게는 피해를 입혔으나 농지를 받은 농민에게는 보상을 주었다. 전쟁으로 발생한 엄청난 인플레이션이 농지를 내어주고 돈을 받은 부재지주에게는 막대한 피해를 입혔으나 농지를 얻어서 크든 작든 어엿한 지주가 된 대다수의 농민들에게는 좋은 일을 한 것이다.

대한민국이 자율적인 발전국가를 갖게 된 것은 부재지주들이 농지개혁과 6·25전쟁으로 인한 인플레이션의 피해를 입어 크게 미약해졌기 때문이다. 한때 잘나갔던 파키스탄과 필리핀이 저렇게 한심한 나라가 되고 만 것은 토지개혁을 하지 못해 지금도 나라의 거의 모든 토지를 극소수의 거대지주들이 소유하고 있고 그들 때문에 국가가 자율성을 가지지 못하기 때문이다. 사하라사막 남부 아프리카(sub-Saharan Africa)의 제국들이 경제개발을 하지 못하고 가난한 것은 자연재해 때문이 아니라 사회의 전통적 지배세력이 너무나 강력해서 국가가 자율성을 갖지 못하고 미약하기 때문이다.[1]

심지어 좌파로 분류되는 일부 정치학자들도 이승만의 농지개혁이 남한의 공산화를 막았다고 주장한다. 이승만의 농지개혁 소식을 듣지 못한 채 서울을 점령한 김일성이 수원 근처에서 무려 3일이나 머물면서 농민들의 폭동을 기다렸다고 한다. 그러나 지주가 되어버린 농민이 폭동을 일으킬 이유가 없었다. 그 바람에 미군과 국군이 반격을 위한 시간을 벌 수 있게 되었다는 것이다.

그런데 천만다행스럽게도 이승만 대통령의 농지개혁이 나의 친정에게는 불리하게 작용하지 않았고 오히려 친정이 재벌로 도약할 수 있는 기회를 제공했다. 아버지와 고모님들의 토지와 재산을 비롯하여 집안의 모든 재산을 관리해온 백부는 농지개혁으로 엄청난 액수의 현금이 들어오자 전국에 산재한 알짜배기 적산재산을 차곡차곡 사들였다. 껌을 만드는 회사를 하라는 정부의 제안은 백부가 거절했다.

---

[1] Joel S. Migdal, *Strong Societies and Weak States: State-Society Relations and State Capabilities in the Third World,* Princeton: Princeton University Prss, 1988 ; Joel S. Migdal, Atul Kohli, and Vivienne Shue, *State Power and Social Forces: Domination and Transformation in the Third World,* Cambridge: Cambridge University Press, 1994.

왜정 때 보성중학교를 졸업하여 이재에 밝은 백부의 재산목록들 중에서 내가 아는 것들만 나열해 보겠다. 충남 금산과 경북 풍기의 끝이 보이지 않는 인삼밭을 사들였고 경북 상주의 대규모 채석장도 구입했다. 대구에 있는 대단위 비단공장도 불하받았다. 백부는 돌아가시기 직전까지 경기도 안양에 있는 대규모의 장석광산도 소유했다. 확실치는 않으나 아마 이것도 농지개혁으로 생긴 현금으로 샀을 것으로 추정된다. 장석은 도자기 유약을 만드는 데 필수적인 원료다. 따라서 대규모 도자기 공장을 경영하려면 반드시 장석의 안정적인 공급을 확보해야 한다.

백부가 6·25전쟁이 한창이던 1950년 11월 30일 4억 5천만 환이라는 거액을 지불하고 부산시 영도구 봉래동에 있는 적산기업 일본경질도자기주식회사를 불하받았다.[2] 일본경질도자기주식회사를 불하받은 후 명칭을 대한도기주식회사로 바꿨다. 그때 민간에 대한 적산기업의 불하를 주관한 주체는 상공부였다. 백부는 일본경질도자기주식회사를 불하받기 위해서 2대와 3대 상공부 장관과 교섭했다. 2대 상공부장관을 역임한 사람이 4·19 이후 대통령이 된 윤보선이다.

일본경질도자기의 사실상의 설립자는 이토 히로부미의 이복처남 카시이 켄타로라는 사람이라고 알려져 있다.[3] 이 회사는 설립초기부터 도쿄공대 교수를 채용하여 우수한 기술을 확보했고 기술자들을 영국

---

[2] 「정준모의 한국미술과 부산 (12) 유일한 생계수단-도기에 꿈을 그리다」, 『국제신문』 2010년 11월 15일.
[3] 『국제신문』 2010년 11월 15일.

웨지우드사에 파견하여 도자기기술을 배워오게 했다. 1917년 9월 9일 설립 당시에는 이 회사의 건물이 동양에서 3번째로 컸다.

일본경질도자기가 생산하는 제품의 품질이 1920년대 중반에 크게 향상되었고 해외시장에서 좋은 반응을 얻었고 사세가 크게 확장되었다.[4] 해방 후 이 기업은 적산재산으로 분류되었고 약 4년 동안 적산관리인이 운영했다. 이때 회사 이름이 대한경질도기주식회사로 바뀌었다고 한다.

일본경질도자기는 영도에 무려 35만 평이나 되는 사업장을 가졌으나 직원은 그렇게 많지 않았다. 김경남의 "한말·일제하 부산지역의 도시형성과 공업구조의 특성"이라는 논문에 따르면 1934년 현재 부산에서는 조선방직이 가장 많은 1,978명의 직원을 거느렸고 철도국 부산공장이 323명, 복제도망이 317명 그리고 일본경질도기가 315명의 직원을 보유했다.

백부는 일본경질도자기주식회사를 불하받으려고 정부에게 지불할 4억 5천만 환이라는 거액을 만들면서 일부는 통도사의 도움을 받았다. 1996년 남편이 15대 총선에서 양산에 무소속으로 출마하기 위해 내려갔을 때 통도사의 주지를 지낸 월하月下 스님께 인사하러 간 적이 있다. 내가 지영진 의원의 질녀라고 나를 소개하자 노천당 월하 스님이 반겨주시고 과거를 회고하면서 "지영진 씨가 옛날에 대한도기를 불하

---

[4] 『국제신문』 2010년 11월 15일.

받을 때 통도사의 유가증권을 가져갔으나 후일 모두 다 갚았다"고 증언했다.

　백부는 대한도기를 인수하자마자 ICA 원조자금을 받아서 생산시설의 현대화를 빠른 시일 안에 마쳤다. 독일의 리드함이라는 회사와 기술제휴를 해서 길이가 무려 100미터나 되는 초대형 터널가마를 세대나 확보하는 데 성공했다. 그리고 고급제품의 생산을 위해 길이 20미터짜리 상회 가마도 만들었다. 이것은 고급 식기와 찻잔에 금으로 된 선과 다양한 색깔을 입히는 시설이다.

　리드함은 그 독일회사 사장의 이름이다. 리드함 사장의 동생 셉바와라는 소성기사가 직접 부산 영도의 대한도기 현장에 와서 터널식 가마를 만들었고 이것의 운영과 소성기술을 전수했다. 백부가 대한도기를 인수했을 때 작은 단가마는 수십 개 있었으나 터널가마는 한 개 뿐이었고 그나마 만들다가 중단된 상태에 있었다.

　백부는 유능한 기술직 임직원을 찾으려고 백방으로 뛰어다녔다. 기술상무라는 막중한 관리직에는 양산군수를 지내신 유능한 고향후배 손찬조 선생을 모셨다. 도자기 공장에서 가장 중요한 공정은 불로 도자기를 굽는 것, 즉 소성燒成이다. 백부가 직접 일본에 가서 정상근이라는 단가마 전문가를 모셔와 소성과장으로 임명했다. 소성과에는 양희조 주임과 정순용 주임이 있었고 이들이 24시간 맞교대를 했다. 친동생이 견습생 1기로 들어갔고 정순용 주임의 소성2과에서 기술을 배웠다.

8. 윤보선 대통령의 동서에게로 넘어간 부산의 일류(一流) 대한도기주식회사

　백부는 다른 임원 인사도 단행했다. 대한도기에 출자한 덕봉 고모님의 남편을 전무이사로 선임했다. 대한도기를 불하받을 때 교섭상대였던 2대 상공부 장관을 지낸 윤보선의 부탁을 받고 그의 동서를 상무이사로 선임했다. 그에게는 상당량의 의결권을 가진 주식도 주어졌다. 그런데 아버지께서는 비상근 감사로 임명되셨다가 나중에 가서 겨우 상근감사이사로 선임되셨다. 이렇게 백부는 아버지를 옹졸하고 졸렬하고 치졸한 방법으로 견제했다. 그것이 친정의 몰락을 초래한 가장 큰 원인이었다. 총무부장에 김학권이라는 분이 앉았고 경리과장에는 백부의 둘째 아들 한용 오빠가 임명되었다.

　대한도기는 생산성과 생산기술이 계속 발전했는데 그것은 전적으로 손찬조 기술상무가 소성과에 강력한 동기를 지속적으로 부여한 덕분이다. 그는 대한도기의 소유권이 윤보선 대통령의 동서에게로 넘어갈 때까지 10년 동안 지속적으로 소성과에서 1등품을 가장 많이 생산하는 반에 거액의 상금을 몰아주는 제도를 운영했다. 상금은 그때 돈으로 무려 30~40만 원이었다. 그때 친동생이 대한도기에서 7만 5천원이라는 거액의 월급을 받고 있었는데 손찬조 기술상무가 주는 상금을 제일 많이 받아갔다. 동생은 대한도기에 있는 10년 동안 출퇴근을 하지 않고 회사에서 아예 기숙을 했다.

　대한도기는 소성과 직원들이 24시간 맞교대를 했는데 여기에 문제가 있었다. 저녁에 가마에 불을 넣는 직원이 퇴근을 하기 때문에 다음날 아침에 나오는 물건의 불량여부를 확인하지 못했다. 그렇게 해서는 생산성 향상을 위한 기술축적을 하기 어려웠다. 그래서 친동생이

10년 동안 소성2과에 근무하면서 아예 회사에서 기숙을 했다. 그때 동생이 누구도 흉내 낼 수 없는 대한민국 최고의 소성기술을 축적할 수 있었다. 동생은 지금도 대한민국 최고의 소성기술자다.

1950년 11월 탄생한 이후 1960년 중반까지 햇수로 11년 동안 대한도기는 자산규모 200억 환 이상의 대기업으로 발전했다. 1960년 4·19가 일어난 무렵에는 하루에 무려 28만점의 각종 도기와 자기를 생산했다. 호롱뚜껑, 타일, 변기, 양식기, 식당식기, 냉면그릇, 요강에 이르기까지 거의 모든 종류의 도기와 자기를 생산했다. 그때 영도의 대한도기는 동구의 조선방직과 함께 부산에서 가장 큰 규모를 자랑했고 저녁 퇴근시간이 되면 1천 수백여 명의 대한도기 직원들이 인산인해를 이루는 모습이 그야말로 장관이 아닐 수 없었다.[5]

1957년 말 대한도기가 일류 대기업으로 자리를 잡아가던 중 이상한 음해가 들어온 적이 있는데 이를 통해 대한도기의 엄청난 생산규모를 짐작할 수 있다.[6] 그때 부산지검의 모 검사가 경상남도 상공과의 유류부정배급사건을 수사하던 중 갑자기 경상남도 산업국장을 소환하여 문초를 한 일이 있었다. 그 사람이 해운업자 및 기타 산업실수요자에게 배급되어야 할 경남도에 배정된 11월분 유류 1만 4천 드럼 중에서 중유 4천 드럼과 석유 3백여 드럼을 특권층에게 정실 배분하였다는 것이다. 이 사건의 수사과정에서 경상남도 상공과가 대한도기에 3천 드

---

[5] 『국제신문』 2010년 11월 15일.
[6] 「경남도 상공과 유류부정배급문제화」, 『경향신문』 1957년 12월 1일.

럼이나 되는 중유를 배분한 사실이 드러났는데 대한도기는 과거에 중유를 수배한 실적이 전혀 없었다는 것이다. 그럴 수밖에 없었다. 당시 대한도기 소성2과에 근무한 동생은 대한도기가 매월 3천 드럼이나 되는 중유를 사용한 것은 사실이라고 증언한다. 그러나 당시 대한도기는 영업이 잘 되어 현금이 충분했고 그래서 정부로부터 유류를 배급받을 필요가 전혀 없었다. 동생은 당시 대한도기가 현금으로 조개표 석유회사에서 매월 3천 드럼의 중류를 사다 썼다고 증언했다.

대한도기는 다른 도자기 공장에서는 생산하지 않는 장식용 그림접시와 그림화병이라는 특별한 제품을 생산했다. 그것은 대한도기 감사이사였던 아버지께서 백부께 부탁하여 피난 내려온 화가들의 생계를 위해 마련한 조치였는데 이중섭을 비롯한 많은 화가들이 도움을 받았다.[7] 백부는 아버지의 부탁을 들어주는 데 그치지 않고 동구 수정동에 화가들의 숙소도 마련해주는 호의를 베풀었다. 그것은 화가들의 인심이 아버지에게 다 돌아가지 않게 하려는 치졸한 경쟁심의 발로였다. 아무튼 그래서 부산에 피난 온 화가들이 덕을 본 것은 다행스런 일이다.

대한도기는 부산에 피난 와 있었던 화가들이 초벌구이 접시에 그림을 그리게 했고 충분한 급여를 지불했다. 김은호, 변관식, 장우성, 김학수, 이규옥, 황염수, 통영에서 온 전혁림 그리고 서울대 미대에 재학 중이었던 김세중, 서세옥, 박노수 등이 대한도기에서 그림을 그려서

---

[7] 김원일, 『늘 푸른 소나무』, 이룸, 2002.

생계를 이었다.[8] "대한도기에 기거할 수 있다는 것은 당시 화가들로서는 [그야말로] 최상의 생활이었다."[9]

화가들은 대한도기 정문에 들어서면 정면에 보이는 사무실 2층 작업실에서 그림을 그렸다. 그들은 매일 풍속도를 비롯하여 매우 다양한 소재의 그림을 그려냈다. 백부가 정상근 소성과장에게 화가들이 그림을 그린 접시와 화병들은 직접 구워내라고 지시했다. 정상근 과장이 동생이 근무한 제2소성과에서 그것들을 직접 구웠다.

대한도기가 대한민국 요업의 어머니라고 해도 결코 지나친 말이 아니다. 대한도기의 서울영업소가 요업협회의 전신이다. 당시에 대한도기 서울영업소 소장을 지낸 분이 서울영업소에 대한민국의 요업협회를 처음 만들었다. 그분이 최근까지 요업협회의 전무이사를 역임했다.

대한도기는 처음 출발할 때부터 이미 멸망의 싹을 안고 있었다. 동생이 회사에서 기숙을 하면서 퇴근시간 이후 변전실이 있는 후문으로 트럭들이 생산제품이 아니라 유휴기계 특히 장석 등의 원료를 가루로 만드는 볼밀이라는 기계를 바리바리 실어내는 것을 목격했다. 그 트럭들은 동래역 부근에 있는 모 요업회사로 들어갔는데 그것은 대한도기의 모 이사가 사실상 소유하고 있던 회사였다. 이런 일이 굉장히 잦았다. 동생이 보다 못해 이 중대한 범죄사실을 전무이사이신 막내 고

---

[8] 『국제신문』 2010년 11월 15일.
[9] 『국제신문』 2010년 11월 15일.

8. 윤보선 대통령의 동서에게로 넘어간 부산의 일류(一流) 대한도기주식회사

모부님과 감사이사이신 아버지께 말씀드렸다. 그런데 어찌된 영문인지 고모부님과 아버지께서 그냥 모른 척하라고 지시하셨다. 두 분도 이미 오래 전부터 모 이사가 회사기물을 외부로 반출하는 사실을 알고 계셨으나 아무런 조치를 취하지 못하고 계셨다.

백부가 1958년 5월 4대 민의원 선거에서 자유당 후보로 출마하여 무투표로 당선되었으나 1959년 7월 당선이 취소되었고 9월 재선거에서 당선되었다.[10] 4대 민의원 선거에서 백부의 상대였던 민주당 후보는 영도 바닷가에서 보세창고업을 했다. 경력으로나 양산에 대한 기여도로나 그 사람이 백부의 상대가 될 수는 없었다. 그때 대한도기 직원의 1/10 정도가 양산 사람이었고 양산에 대한도기 직원 한두 명 없는 집이 없을 정도였다. 백부가 4대 민의원 선거에서 그 민주당 후보에게 질 수는 없었다.

1959년 7월 백부의 4대 민의원 당선이 취소된 직후 8월 3일 대한도기 주주들이 백부에게 소송을 제기했다.[11] 보궐선거를 하기 한 달여 전이었다. 처음에는 대한도기 주주 김○○가 백부를 상대로 '주주확인 및 증자무효확인 청구소송'을 제기했다. 며칠 후 백부가 윤보선의 부탁을 받고 대한도기 상무로 임명한 윤보선의 동서와 대한도기 주식 2천 주를 가진 윤보선의 부인도 이 소송에 동참했다. 이들이 낸 소송의 내

---

[10] 「무투표당선확정 이기붕씨 등 9명」, 『동아일보』 1958년 5월 3일 ; 「무투표당선부당 양산의 일유권자 소송을 제기」, 『동아일보』 1958년 6월 1일 ; 「양산도 선거무효」, 『동아일보』 1959년 7월 22일.

[11] 「배임횡령죄로 고소」, 『동아일보』 1959년 8월 6일.

용인즉, 김○○와 윤보선의 동서가 1959년 1월 증자를 위한 임시총회에서 제명되었으니까 ICA 시설자금 5천만 환을 자본금에 유용하여 증자한 신규 180만주를 무효로 해달라는 것이었다. 윤보선의 동서는 8월 5일에 부산지검에 백부를 '배임 및 횡령' 혐의로 형사 고소까지 했다.

4·19 직후 민주당이 정권을 잡고 윤보선이 대통령에 취임하자 윤보선의 동서가 백부를 상대로 거짓 폭로를 했다.[12] 백부가 부산에서 제일 유명한 정치깡패 두목을 매수하여 부산 초량동 교통병원 뒷골목에서 양산의 4대 민의원 보궐선거에서 패하고 선거무효소송을 제기한 민주당 후보를 폭행했다는 것이다. 1960년 5월 말 경남경찰이 백부를 소환하여 문초하겠다고 발표했다. 그리고 며칠 후 백부의 둘째 아들 한용 오빠가 정치깡패 두목을 매수하여 민주당 후보를 두들겨 팬 혐의로 경찰서에 잡혀갔다.[13] 한용 오빠는 이 폭행사건과 아무런 관련이 없었다. 민주당 후보를 폭행한 그 정치깡패 두목이 한용 오빠가 밀양농고에서 교편을 잡고 있을 때 퇴학당한 사람이었다. 오빠가 이 사람을 부산에 있는 모 상업고등학교에 입학시켜주었는데 고마워하던 그 사람이 자발적으로 그 민주당 후보가 괘씸하다면서 폭행해버린 것이었다.

자유당이 1959년 9월 양산에서 치러진 4대 민의원 재선거에서 3·15 부정선거의 예행연습을 한 사실이 드러났다.[14] 이듬해 1960년 3·15부

---

[12] 「지영진 의원 곧 환문」, 『경향신문』 1960년 5월 24일 ; 「경찰에 3천만 환 주어」, 『동아일보』 1960년 6월 10일.
[13] 「지의원 차남 등을 송청」, 『동아일보』 1960년 5월 27일.

8. 윤보선 대통령의 동서에게로 넘어간 부산의 일류(一流) 대한도기주식회사

부정선거를 총지휘한 내무부 장관 최인규가 1959년 9월 부산에 직접 내려와 경찰을 동원하는 데 3천만 환이 필요하니 마련하라고 백부에게 지시했다. 최인규의 지시대로 백부와 대한도기 전무이사인 막내 고모부님께서 경남도지사의 입회하에 경찰국장에게 거액의 돈을 주셨다. 1959년 9월 4대 민의원 양산 재선거에 정사복 경찰관 1천여 명이 동원되었고 수많은 자유당 소속 반공청년당원들이 팔에 완장을 두르고 나타났다. 백부는 그러지 않아도 얼마든지 이길 수 있었는데 자유당이 저지른 부정선거의 희생양이 되고 만 것이다.

1960년 6월 10일 윤보선 대통령의 동서가 백부를 대한도기 공금 1억 3천만 환을 횡령했다고 고소하자 부산지검 모 검사가 백부를 경제사범으로 입건했고 국회에 구속동의요청을 하겠다고 발표했다.[15] 정권 교체 직후 백부가 경제사범 제1호로 걸려든 것이다. 언론은 검찰이 대한도기의 장부일체를 봉인하고 압수했는데 ICA 원조자금 횡령사실이 드러났다고 보도했다. 횡령한 자금 중 7천만 환을 1959년 9월 보궐선거에 사용했고 2천만 환은 경남경찰국에 제공했다는 것이다.

1960년 6월 말에는 부산지검 모 부장검사가 대한도기를 방문했다.[16] 백부가 법인세 및 법인 소득세를 비롯하여 각종 세금 약 4억 3천여만 환을 탈루했다는 혐의를 잡고 대한도기를 탐문한 것이다. 이렇게

---

[14] 「경찰에 3천만환 주어」, 『동아일보』 1960년 6월 10일.
[15] 「지의원 입건 경제사범으로」, 『경향신문』 1960년 6월 9일 ; 「경찰에 3천만 환 주어」, 『동아일보』 1960년 6월 10일.
[16] 「부산의 일호(一號)는 대한도기」, 『동아일보』 1960년 6월 24일.

4·19로 권력을 잡은 민주당 정부가 백부에게 밑도 끝도 없는 파상공세를 퍼부었다.

민주당의 거듭되는 압박에도 잘 버티던 백부가 모 기관으로부터 걸려온 전화를 딱 한 통화 받고 대한도기를 넘길 결심을 했다. "지 의원, 이승만 대통령은 사형수도 살렸는데 지금은 그렇게 못하겠죠?" 백부는 전화를 걸어온 사람이 누구인지 밝히지 않았으나 비로소 4·19 이후에 이어진 일련의 정치적 압박이 의미하는 바를 알아차렸다. 정치권력의 생리를 누구보다 더 잘 아는 백부는 전화를 끊자마자 전무이사이신 막내 고모부님과 감사이사이신 아버지께 대한도기를 넘겨주기로 했으니 후속조치를 취하라고 통고했다.

그때 대한도기 소성2과에서 반장으로 승진하여 백오십여 명의 직원을 거느린 동생이 구사대를 조직해서 민주당 권력과 맞설 기세였다. 아버지께서 동생에게 백부가 회사를 윤보선 대통령의 동서에게 넘기기로 했다면서 구사대를 버리고 직장을 옮기라고 지시했다. 동생은 모든 터널가마의 열전대에서 백금으로 된 핵심 부품들을 모조리 제거해버리고 밀양도자기로 가버렸다. 그것이 나중에 형사문제가 되었으나 백부가 동생 이름으로 되어 있던 대한도기의 주식을 팔아 무마했다고 들었다.

결국 백부가 1950년 11월 4억 5천만 환을 주고 인수하여 자산규모 200억 환이 넘는 대기업으로 키운 대한도기가 윤보선 대통령의 동서에게로 넘어갔다. 백부가 왜정 때 사망한 첫째 아들 세룡 오빠의 처남

8. 윤보선 대통령의 동서에게로 넘어간 부산의 일류(一流) 대한도기주식회사 135

윤수동에게 대한도기 사장자리를 물려주고 떠났다. 1960년 10월 25일까지 윤수동이 대한도기의 사장이었다.[17] 그런데 1961년 3월 27일에는 윤보선 대통령의 동서가 대한도기 사장을 하고 있었다.[18] 대한도기가 윤수동을 거쳐 윤보선 대통령의 동서에게로 넘어가는 과정의 합법성과 정당성을 입증하는데 필요하고 충분한 현금흐름(cash flow)이 있는지는 확인하지 못했다.

6·25전쟁의 와중에 창간되어 대한민국의 지성을 이끌었던 사상계思想界가 5·16군사혁명 직후 "5·16혁명과 민족의 진로"라는 제목의 권두언에서 4·19로 권력을 쥔 민주당정권을 혹독하게 비판했다. 마치 굶주린 이리떼처럼 파쟁을 일삼고 이권에 개입한 민주당 정권을 몰아낸 5·16군사혁명이 역사의 필연이라는 것이다. 이 권두언의 일부를 인용한다.

"일 년 전一年前 우리나라의 젊은 학도學徒들은 그 꿈 많은 청춘을 바쳐, 부패와 탐욕과 수탈과 부정不正에 도취한 이승만독재정권李承晩獨裁政權을 타도하고 민주주의民主主義를 사경에서 회생시켰었다. 그러나 정치생리政治生理와 정치적政治的 행장行狀과 사고방식思考方式에 있어서 자유당自由黨과 본질적으로 다를 것이 없는 민주당民主黨은 혁명직후의 정치적政治的 공백기를 기화로 지나치게 비대肥大해진 나머지 스스로 오만과 독선에 사로잡혀 정권政權을 마치 전리품처럼 착각하고, 혁명

---

[17] 「폐쇄된 회사서 종업원들 농성 대한도기 쟁의」, 『동아일보』 1960년 10월 25일.
[18] 「대한도기 노조 내에 말썽 해고자 호소하자 도리어 위협」, 『동아일보』 1961년 3월 27일.

과업革命課業의 수행은커녕 추잡하고 비열한 파쟁派爭과 이권운동에 몰두하여 그 바쁘고 귀중한 시간을 부질없이 낭비해왔음은 우리들이 바로 며칠 전까지 목격해온 바이다."

9. 3·4대 국회의원 백부의 첩 평양댁과 사촌동생 화룡의 불행

    1954년 5월 3대 민의원 선거에서 무소속으로 당선된 백부가 당선자 대표선서를 하기 위해 서울로 올라갔다. 그때 백부는 미처 집을 마련하지 못해 서린동의 어느 호텔에서 하숙을 하고 있었다. 금봉 고모님께서 백부의 옷가지를 챙겨서 그 호텔로 가셨는데 여주인이 내실에 있는 자신의 서랍장에서 세탁하여 정갈하게 접은 백부의 내의를 꺼내어 백부에게 가져가는 광경을 보셨다. 그 사람은 6·25전쟁 때 평양에서 피난 내려온 독신녀였는데 선량한 구석이라고는 아예 없었다.

    우리는 그 호텔 여주인을 평양댁이라고 불렀다. 그 사람은 묻지도 않았는데 자기가 평양에 있을 때 여자를 잡아다가 중국에 팔아먹는 장사를 했고 환갑잔치를 세 번이나 해먹었다면서 그것을 자랑이라고 늘어놓았다. 키는 작지만 얼굴이 예쁘고 피부가 하얗고 목소리가 걸걸한데다 머리가 비상했다. 아무튼 그 호텔 여주인은 적어도 양산에 있는 백모보다 훨씬 더 똑똑했다.

금봉 고모님께서 양산으로 달려가셔서 백모를 만나셨다. 당장 백모가 백부를 따라 서울로 가야 한다고 주장하셨다. 백모는 그러고 싶어도 그럴 수 없었다. 할머니께서 서울로 가시려고 하지 않았기 때문이다. 시어머니께서 시골에 계시는데 며느리가 먼저 남편 따라 서울에 올라가겠다고 나설 수는 없는 노릇이었다.

금봉 고모님께서 할머니께 서울에 가자고 조르셨다. 할머니께서 말씀하셨다. "서울은 엄청나게 춥다. 금봉이 너는 알제. 너 서울에서 정신여고 다닐 때 잉크병이 다 얼어터지고 안 그랬나?" 금봉 고모님께서 날카로운 질문을 하셨다. "엄마, 엄마 지금 당장 서울 가고 싶어도 정수 때문에 못가는 거지?"

그것은 사실이었다. 할머니께서 부산에 남아 계시겠다고 고집하신 것은 결국 나 때문이었다. 내가 부산에서 대학교를 마치려면 3~4년은 더 있어야 했다. 그런데 내가 결혼해서 서울로 올라오자마자 할머니께서 바로 서울로 올라오셨다. 금봉 고모님께서 서울로 올라오신 할머니께 여쭈었다. "엄마, 지금은 서울이 안 춥대요?" 할머니께서 대답하셨다. "금봉아, 지금은 그때하고 많이 다르다. 지금은 별로 안 춥다."

평양댁은 뻔뻔한 사람이었다. 백부가 신당동에 집을 마련하자 서린동에 있는 호텔을 팔고 그리로 밀고 들어가 백부의 후처 노릇을 했다. 신당동 집에는 애 낳느라고 한 번도 가보지 못했다. 백부가 약수동에 수백 평짜리 저택을 마련하자 평양댁이 그 집에도 밀고 들어갔다. 약수동 집에는 나도 자주 불려갔고 갈 때마다 그곳에서 평양댁을 봤다.

9. 3·4대 국회의원 백부의 첩 평양댁과 사촌동생 화룡의 불행   139

동래고를 다니다가 경복고로 전학한 사촌동생 화룡이 한용 오빠의 아들과 함께 약수동 집에서 살았다. 그때 한용 오빠의 딸도 경남여고를 다니다가 경기여고로 전학하여 약수동 집에서 살았고 나중에 이화여대를 졸업했다.

4·19가 백부의 첩 행세를 하는 평양댁에게 엄청난 행운을 안겨주었다. 4·19 이후 대한도기를 윤보선 대통령의 동서에게 넘겨준 백부는 나머지 재산을 지킬 궁리를 했다. 그때 백부가 관리한 재산 중에는 아버지 것도 굉장히 많이 포함되어 있었으나 자세한 내막을 알지 못해 권리주장을 하지 못했다. 백부는 재산을 지킬 궁리를 하면서도 아버지는 물론 다른 식구들과 일체 의논하지 않았다. 어처구니없게도 백부는 그 재산의 많은 부분을 평양댁 앞으로 돌려놓는 엄청난 실수를 저질렀다.

내가 둘째 아들을 낳고 얼마 되지 않았으니까 1962년 말쯤이라고 기억된다. 그때 평양댁이 약수동 집에서 남자들에게 죽도록 얻어맞았다. 평양댁이 화가 머리끝까지 치밀어 미아동 우리 집으로 찾아와 남편에게 하소연 했다. 그러자 남편이 말했다. "그 정도 두들겨 맞고 그 많은 재산을 챙길 수 있다면 나라도 두들겨 맞겠습니다." 평양댁이 자리를 박차고 일어섰고 그 길로 노암장학회 장학생 조대성에게 달려갔다.

그 후 평양댁은 잘나갔다. 백부가 경기도 시흥에 차린 군화공장과 안양의 장석광산을 운영하는 (주)보인산업을 차려 평양댁을 사장으로 앉혔다. 그때 평양댁이 새어머니가 낳은 첫째 남동생을 데려다가 명문 덕수상고에 입학시켰다. 동생은 똑똑했고 덕수상고에서 공부를 아주 잘했다. 그는 평생 평양댁을 고마워했고 평양댁이 서울의 모 병원에서 쓸쓸히 죽을 때 임종을 지켰다.

평양댁이 보인산업 사장으로 잘나가던 시절에 사촌동생 화룡을 결혼시켰다. 평양댁이 데려온 화룡의 처는 명문여고와 명문대를 졸업한 재원이다. 그녀의 아버지는 조선 후기에 어떤 역모사건에 연루되어 경기도 모 지역으로 유배를 당한 집안의 후손이었는데 일자무식이었고 그 지역에서 염전을 했다. 화룡이 결혼 후 처가에 인사를 하려고 찾아갔더니 집이라고는 방 두 칸이 전부였고 방이 너무 작아 사람이 누워 발을 뻗을 수도 없었다. 신발을 벗어 놓는 댓돌도 없었다.

백부가 사망하기 몇 달 전 어느 날 서울역 근처 서계동에 사시던 백모가 떨리는 목소리로 전화를 해서 좀 오라고 했다. 서계동 그 큰 집에 백모와 백모의 친정 여동생 딱 두 명밖에 없었다. 화룡과 그의 처는 나가고 없었다. 화룡의 처가 집을 나가기 전에 백모와 화룡을 마구 치받아버려 생난리가 나 있었다.

사건의 발단은 TV드라마였다. 백모와 화룡의 이모가 배우 태현실이 출연한 모 회사의 조미료 광고를 보고 있었다. 태현실이 장바구니를 들고 시장에 가는 모습을 보고 큰어머니가 동생에게 말했다. "그래 여자는 저렇게 장을 자주 봐야 절기도 알고 무슨 과일이 맛있는지 알지." 갑자기 화룡의 처가 불쑥 방으로 들어왔다. "왜 빗대서 얘기하세요? 그거 나 들으라고 하는 소리 아니에요? 내가 사온 멜론이 맛없다는 거

아니에요?"

 화룡이 들어와 처를 데리고 자기 방으로 들어갔으나 사태가 더 심각해졌다. 화룡의 처가 화룡의 멱살을 붙잡고 달려들었다. 백모와 화룡의 이모가 말렸으나 화룡의 처는 화룡의 멱살을 놓지 않았다. 그 싸움이 몇 시간 동안 계속되었고 백모가 말리다 못해 내게 전화를 한 것이다.

 백모는 화룡의 처를 일단 친정으로 보냈고 결국 쫓아낼 생각이었다. 화룡의 처는 친정에 가지 않고 안양 장석광산 별채에 있는 평양댁을 찾아갔다. 백모가 화룡을 이혼시키려고 했는데 마침 그때 화룡의 처가 입덧을 시작했다. 거짓인 줄 알았으나 그녀의 임신은 사실이었다. 그로부터 화룡의 처가 연달아 남자아이 셋을 낳았다. 화룡은 처와 함께 해외로 등산과 스키를 하러 다녔고 갖은 호사를 다 누렸다.

 1972년 2월 백부가 안양 장석광산 별장에서 돌아가시면서 "오품의 모든 재산을 화룡에게 상속한다"는 유언을 남겼고 아버지께서 망연자실하셨다. 평양댁이 "이제 곧 지 의원님이 부활한다!"하고 바득바득 우기는 바람에 장례가 지연되는 사태가 벌어졌다. "내가 과천에 있는 용한 교회에 금과 은으로 만든 촛대를 많이 갖다 주었으니끼니 반드시 부활할 것이라우! 자, 만져보라. 벌써 따뜻해지지 않니?" 평양댁이 막무가내로 백부의 유해가 나가지 못하게 막았다.

 결국 백부의 유해는 백모가 있는 서계동으로 모셔졌고 그곳에서 장례를 치렀다. 7일제와 49제 그리고 100일제를 모두 도봉산에 있는 도선사에서 지냈다. 백부는 도선사의 청담 스님과 절친한 사이였다. 1972년 상반기 언제쯤 백부의 제사를 지내려고 도선사에 갔는데 청담스님이 나를 마침 그곳에 쉬러 오신 육영수 여사께 소개해서 간단한 목례를 나누었다. 그분은 조금 피곤하신 것 같았으나 TV에서 본 것보다 훨씬 더 우아하고 아름다우셨다.

백부가 돌아가시고 몇 년 지나지 않았는데 갑자기 화룡이 구속되었다. 평양댁이 잘 아는 검사를 통해 청와대에 진정서를 넣어 그런 일이 벌어졌다. 자신이 돌아가신 백부의 후처인데 백부가 돌아가신 후에 화룡이 자신을 돌보지 않는다는 것이었다. 화룡이 그 검사 앞에서 이러저러한 재산을 평양댁에게 주겠다는 각서를 썼고 남편과 노암장학회 장학생 조대성이 보증을 서서 화룡이 풀려났다.

그런데 얼마 후 평양댁이 자신의 짐을 몽땅 가지고 연희동 우리 집으로 쳐들어왔다. 화룡이 약속을 이행하지 않았고 보증을 선 조대성이 그런 사실이 없다고 우겨서 우리 집으로 쳐들어온 것이다. 평양댁은 거의 1년 동안이나 연희동 집에서 큰 어른 노릇을 하며 잘 살았다. 평양댁이 우리 집에 쳐들어온 그해 겨울 내가 복어를 요리했다. 평양댁은 집안의 큰 어른 노릇을 하면서도 남편더러 복어요리를 먼저 먹어보라고 했다.

그러던 평양댁이 갑자기 연희동 집을 나가서는 소식이 끊어졌다. 그의 연락처를 찾으려고 짐을 뒤졌다. 두 장의 빛바랜 환갑기념사진이 나왔다. 사진을 찍은 날짜는 달랐으나 그 두 장의 환갑기념사진의 주인공은 모두 평양댁이었다. 환갑잔치를 세 번은 몰라도 두 번 치른 것은 확인되었다.

수소문 끝에 평양댁이 화룡의 서교동 저택에 있다는 것을 알아냈고 짐 찾아가라고 전화를 넣었다. 화룡이 전화를 받았다. "누님, 어머님께서 식사 중이시라서 바꿀 수 없습니다." 어머님은 평양댁을 일컫는 말이다. 그때 화룡이 첫째 이복동생과 양산 북부동 362번지 친정집의 소유권을 놓고 소송을 하고 있었다. 화룡이 술수에 능한 평양댁에게 도움을 청했고 그 소송이 돈이 된다고 판단한 평양댁이 화룡과 뭉친 것이다. 북부동 친정집의 대지는 백부의 이름으로 되어 있었고 건물은 아버지 소유로 되어 있었다.

1989년 여름으로 기억되는데 양산에서 복덕방을 하시는 중학교 은사 한 분이 연희동 집으로 전화를 했다. 지방신문에 어머니의 산소를 이장해가라는 공고가 났다는 것이다. 알아보니 화룡이 선산을 팔아버렸다. 따지려고 서교동 화룡의 저택으로 찾아갔다. 화룡이 없다고 했으나 그냥 밀고 들어갔다.

어린 두 아들이 이리저리 뛰어다니면서 놀고 있는데 큰 아들은 안방에서 자리를 보전하고 누워있었다. 자세히 보니까 몸에 비해 머리가 너무 커서 가누지 못하고 누워서 이리저리 뒤척이며 간질 발작을 하고 있었다. 그 비참한 광경은 차마 눈을 뜨고 볼 수 없었다. 기가 차서 할 말을 잃고 있는데 갑자기 없다던 화룡이 불쑥 나타났다.

"누님, 죄송합니다. 선산을 팔아서라도 아이의 병을 고치고 싶었습니다." 화룡의 이 말에 야단치러 간 내가 그만 그를 붙잡고 한바탕 울어버렸다. 그날 저녁 눈이 퉁퉁 부어 집으로 돌아왔다. 남편이 나를 놀려댔다. "그래, 야단친다고 땅땅 벼르고 가더니 눈만 퉁퉁 부어 돌아왔소?"

화룡의 큰 아들이 집에서 죽는 바람에 사망신고를 하지 못해 애를 먹었다. 남편의 친구의 도움으로 겨우 사망신고를 하고 장례를 치렀다. 그리고 얼마 후 화룡이 사십대 중반의 젊은 나이에 간암에 걸려 죽었다. 화룡의 장례식은 개신교식으로 치렀다. 화룡의 처는 재혼을 했는데 무슨 영문인지 혼인신고를 하지 않는다는 말을 들었다.

10. 아버지 소유로 드러난 기장군 임야 24만 정보
   (약 7억 2천6백만여 평)

　　1960대 초 동래의 부동산중개업자 한동욱과 동래 모 교회의 장달수라는 목사가 A기업의 대리인 자격으로 아버지를 찾아왔다. A기업은 기장군 일대 임야 24만 정보를 사려고 주인을 찾고 있었다. 24만 정보는 어림잡아 약 7억 2천6백만여 평이다. 그것의 정확한 가치를 산정하는 것은 내 능력 밖의 일이고 나의 관심사도 아니다. 이미 A기업은 그 임야의 등기부등본을 떼어보고 그 땅의 소유자가 아버지임을 확인했고 헬기를 타고 현장답사까지 마쳤다. 그들이 아버지를 찾아오기 전에는 아버지께서 기장군 그 임야의 주인이라는 사실을 전혀 알지 못했다.

　　그런데 그 기장군 임야 24만 정보의 등기부등본에는 아버지가 아닌 한용 오빠가 소유자로 되어 있었다. 아버지께서 미성년자였을 때 할아버지로부터 그 기장군 임야 24만 정보를 상속받은 사실이 등기부등본에 기록되어 있었다. 그런데 그 후 그 임야의 소유권이 친정에서 설립한 재단법인 일신상회를 거쳐 백부의 둘째 아들 한용 오빠에게 넘어간 상태였다. 그런데도 불구하고 A기업은 그 기장군 임야 24만 정보를 사겠다면서 등기부등본 상의 소유주인 한용 오빠가 아닌 아버지를 찾아온 것이다.

집안에 아홉 명의 판사를 거느린 A기업은 그 기장군 임야 24만 정보의 등기부등본에 나타난 소유권 이전이 허위이고 불법이라고 판단했다. 그 소유권 이전의 정당성과 합법성을 뒷받침할 만한 자금흐름이 없었기 때문이다. 그래서 A기업은 누군가가 아버지께서 소유하신 그 기장군 임야 24만 정보의 소유권을 아버지도 모르게 일신상회를 거쳐 한용 오빠의 앞으로 빼돌렸다고 판단한 것이다.

A기업은 이러한 사실을 아버지께 알렸고 아버지와 그 기장군 임야의 매매계약을 체결하고 아버지께 계약금을 지급했다. 그런데 이 사실을 알게 된 백부가 아버지를 사기혐의로 고소했다. 남편이 백부와 아버지의 타협을 중재했다. 백부가 아버지께 일신상회에 들어가 있는 친정집 재산의 1/3을 주는 대신 아버지께서 A기업과의 매매계약을 취소하기로 했다. 그래서 아버지께서 A기업의 고소로 몇 달간 형을 사셨고 그 후 안양장석광산의 소장으로 부임하셨다.

그런데 1972년 2월 백부가 죽었고 친정의 재산 1/3을 주기로 한 약속은 지켜지지 않았고 기장군의 그 임야 24만 정보는 B기업에게 넘어가버렸다. 아버지와 백부 간의 약속은 서면이 아니라 구두에 의한 약속이었다. 그때 남편은 물론 친정의 누구도 형제간의 약속을 공증까지 해두어야 한다는 생각은 하지 못했다. 백부가 죽고 장례를 치르자

10. 아버지 소유로 드러난 기장군 임야 24만 정보(약 7억 2천6백만여 평)   147

마자 백부의 아들 화룡이 그 기장군 임야 24만 정보를 아버지와 일언반구 상의도 없이 B기업에 팔아버렸다. 아버지께서 A기업에 찾아가 몇 년 전 백부의 꼬임에 넘어가 그 기장군 임야의 매매계약을 취소했노라고 고백했다.

판사를 아홉 명이나 거느린 A기업은 B기업을 상대로 그 기장군 임야 24만 정보의 반환소송을 냈다. A기업은 아버지께서 법정에서 유리한 증언해주시면 그 소송에서 틀림없이 승소할 것이고 승소하면 그 기장군 임야 24만 정보를 매매했을 때 지급한 계약금을 제외한 나머지 대금을 전액 주겠다고 약속했다. A기업은 아버지의 증언을 이용해서 B기업과의 소송 1심에서 이겼다. 그래서 그 기장군 임야 24만 정보가 A기업의 소유가 되었다. 지금도 A기업은 그 임야를 소유하고 있다. 그런데 A기업은 결국 아버지께 주겠다고 약속한 나머지 대금을 지급하지 않았다.

A기업과 B기업의 소송은 장장 10년을 끌었고 A기업이 대법원에서 승소했다. 그 기장군 임야 24만 정보의 주인은 아버지이고 그래서 아버지와 A기업의 매매계약이 유효하다는 것이 대법원의 판결이었다. 따라서 A기업은 마땅히 아버지에게 나머지 매매대금을 지급했어야 했다. 그런데 소송이 끝나자 A기업이 10년 동안 지출된 소송비용 영수증이라면서 아버지에게 여러 대의 리어카로 영수증 더미를 가져와 보여주었다. A기업은 그 영수증 총액이 A기업이 아버지께 드려야 할 나머지 매매대금과 일치한다고 주장했다. 과연 그 영수증들 중에 몇 개나 진짜였을까? 그리고 그 소송이 10년이나 끌 만한 사건이었을까? 아버

지께서는 아무런 반론을 제기하지 못하셨다.

　큰집 사람들은 그 기장군 임야 24만 정보가 백부의 땅인데 아버지가 불법적으로 팔아먹었다고 믿었다. 그것이 사실이 아니라는 것은 A기업이 가져온 그 임야의 등기부등본이 말해주고 있다. 그것은 분명히 할아버지께서 아버지께 상속한 아버지의 재산이다. 백부가 아버지의 재산을 불법적으로 편취한 것이다. 그러한 사실이 악덕 A기업에 의해 드러난 것이 통탄스러울 뿐이다.

11. 남편의 하버드행과 할머니와 말봉 고모님의 극적인 죽음

　1964년 8월 말 남편이 하버드대학교 – 연경학사(Harvard-Yenching Institute)의 방문교수 프로그램(Visiting Scholar Program)에 선발되어 미국 보스턴으로 떠났다. 그 무렵 은희가 내게 전화를 해서 남편의 하버드행을 확인하고는 기가 죽은 듯했다. 가난한 결혼생활이 힘들고 어려웠지만 미래가 있었고 그래서 행복했다. 첫 아이는 동숭동에서 잃었지만 미아동으로 와서 아들을 셋이나 얻었다. 남편이 하버드대에 가고 없는 2년 동안 나는 시조카와 아들 셋을 데리고 버텼다. 우리는 그 미아동 집에서 1974년 연희동 연세대학교 북문 근처로 이사할 때까지 십여 년이나 꽤 오래 살았다.

　백부는 보인산업을 평양댁에게 맡겨놓고 시흥 군화공장 근처 1천 5백여 평의 대지에 남의 눈에 띄지 않도록 수수하게 집을 지어 할머니를 모셨고 공기 좋은 안양 장석광산에도 별채를 지었다. 할머니께서는 시흥에 있는 백부의 저택과 안양 장석광산의 별채를 오가며 행복한 여생을 보내셨다. 백모는 서울역 근처 서계동의 저택에서 살았다. 아버지께서는 주로 양산에서 사셨는데 서울에 올라오시면 모 벽돌회사에서 기술상무로 좋은 대우를 받으며 근무하는 동생 집에 머무르셨다.

시흥 백부의 저택은 할머니의 온갖 물건으로 가득했다. 동래 대법사와 양산 북부동 친정에 흩어져 있었던 할머니의 형형색색의 화려하고 뛰어난 기능을 가진 다양한 옷가지와 각종 가구와 소품들이 몽땅 시흥으로 올라왔다. 그리고 갖가지 모습의 호랑이 가죽으로 만든 호피토시, 각종 치마저고리, 누비치마, 솜치마 등으로 시흥 백부의 저택은 양산 북부동 친정집 위채를 그대로 옮겨놓은 것 같았다.

미아동 우리 집 근처 장위동에 문길 엄마가 살았고 김장을 하거나 집안에 대소사가 있는 날에는 반드시 와서 살갑게 도와주었다. 그것은 말봉 고모님의 간곡한 부탁 때문이었다. 말봉 고모님과 문길 엄마는 경남여고 동창생으로 절친한 사이였다. 문길 엄마는 서울대학교 사범대학의 전신 경성사범학교를 졸업했고 모 재벌 집에 시집갔다가 이혼하고 장위동에 나와 살고 있었다.

할머니께서 1964년 6월 초 미아동 우리 집에 오셔서 6월 6일 내가 막내아들을 낳는 것을 보셨고 8월 말 남편이 하버드대학교로 떠나고 며칠 후까지 두 달 보름정도 나와 함께 지내셨다. 막내아들의 출산일이 임박했는데 1964년 6월 3일 서울에서 대학생들이 한일국교정상화를 반대하는 데모를 일으켜 오후 6시에 통행금지가 시작되었다. 그래서 막내아들의 출산예정일 6월 6일에 서울대병원 산부인과에 갈 수 없었다. 다행히 문길 엄마의 도움으로 집에서 막내아들을 순산했다. 할

11. 남편의 하버드행과 할머니와 말봉 고모님의 극적인 죽음

머니께서 내가 막내를 낳으면서 피를 엄청나게 쏟아내는 것을 보시고 기절초풍을 하셨다.

두 달 보름 동안 모처럼 할머니와 함께 지내면서 남에게 퍼주는 할머니의 옛날 모습을 다시 볼 수 있었고 행복했다. 지금도 미아동은 잘 사는 동네가 아니지만 그때에는 가난하고 어려운 사람이 굉장히 많았다. 할머니께서 시흥 백부 댁에서 당신의 물건들을 모조리 하나도 남기지 않고 그 작은 미아동 집으로 가져오셨다. 시흥 백부 댁에서 고려대학교를 다니던 조카가 며칠 동안 자동차로 그 많은 할머니 물건들을 실어 날랐다. 그래도 그 작은 미아동 집에는 할머니의 옷가지와 물건이 하나도 남지 않았다. 당신의 옷가지와 물건이 도착하면 할머니께서 그동안 봐두셨던 동네 사람들에게 다 나눠주셨다.

그때 미아동 집에 행상하는 사람들이 하루에도 여러 번 찾아왔는데 할머니께서는 그들을 그냥 돌려보내지 않으셨다. 하다못해 물 한 사발이라도 주고 보내셨다. 옛날 양산 장날에 할머니께서 사람들에게 간장소금물을 대접한 것이 생각났다. 할머니께서는 웬만하면 행상들이 사달라는 것을 다 사주셨다. 그때 할머니께서 서울에도 그렇게 지질이 못사는 동네가 있다는 사실에 적잖은 충격을 받으신 것 같았다.

남편이 하버드로 갈 날이 임박한 1964년 8월 중순 어느 날 시어머니께서 남편을 배웅하시려고 올라오셨다. 친정 할머니와 시어머니께서는 잘 아는 사이셨고 며칠 동안 잘 지내셨다. 그때 두 분이 협의하여 미아동 집 대문 밑으로 고무호스로 수돗물을 동네사람들에게 나눠주셨다. 그때까지만 해도 집집마다 수도가 다 들어가지 못했다. 동네사람들이 우리 집에 물을 얻으러 오는 경우가 잦았다. 처음에는 시어머니께서 물주기를 거절하셨다. "지금 우리 집 며느리가 애를 낳았는데 물을 나눠주면 젖이 마른다고 해서 줄 수가 없습니다." 그러자 할머니께서 이렇게 말씀하셨다. "샘물은 퍼낼수록 많이 나옵니다. 그러나 대문을 열고 물을 내주는 것은 곤란하니 대문을 닫고 고무호스를 대문 밑으로 빼서 밖에서 동네사람들이 물을 받아가게 합시다."

남편이 하버드로 떠나면서 할머니께 2년 뒤에 돌아온다는 말씀은 아예 드릴 수 없었다. 만일 그 말씀을 드렸더라면 할머니께서 망연자실하시고 쓰러지실 것 같았다. 남편이 떠나기 전에 할머니 손을 꼭 잡고 신신 당부를 했다. "할머니 제가 돌아올 때까지 꼭 계셔야 합니다." 처음 할머니께서 남편이 미국으로 떠난다는 말을 들으셨을 때 무척 놀라셨다. "아니, 시조카까지 네 명의 아이들을 남겨놓고 떠나면 너 혼자 뭘 어떻게 하라는 말이냐……." 거기에다 2년 뒤에 온다는 말씀까지 드리면 할머니께서 쓰러지실 것 같았다. 할머니의 입에서 작은 소리가 새어 나왔다. "박서방, 내가 그때까지 살겠나……."

남편이 떠나자마자 시어머니께서는 바로 양산으로 내려가셨으나 할머니께서는 며칠 더 미아동 집에 머무르셨다. 그러던 중 가을학기가 시작될 때가 되어 시어머니께서 시조카를 데리고 올라오셨다. 천보당 안경점에 가서 시조카의 안경을 수리하고 돌아오니까 할머니께서 보이지 않으셨다. 시어머니와 함께 양산에서 올라온 차임이와 아이들이 안양 광산할아버지가 할머니를 모셔갔다고 했다. 동네 사람들은 할머니의 남편이 오셔서 모셔간 것으로 알고 있었다.

　백부가 8월 말로 다가온 할아버지의 제사를 지내려고 모든 집안사람들을 시흥으로 불렀다. 그날 백부가 집안사람들이 모두 도착한 것을 확인하고 서울에서 일을 보고 돌아가시는 김에 할머니를 모셔간 것이다. 굉장히 섭섭했고 할아버지 제사라는 핑계가 없었더라면 백부도 할머니를 모셔갈 수 없었을 것이라고 믿고 싶었다. 백부는 할머니께서 팔순을 넘기신 후로는 매년 그렇게 할아버지 제사 때마다 집안의 모든 사람들을 남김없이 불러 모았다. 심지어 멀리 김해 장유면에 있는 덕봉 고모님과 고모부님까지 불러들였다. 할머니께서 언제 돌아가실지 모른다면서 이런 조치를 취한 것이다.

　너무 섭섭해서 시흥 백부께 전화를 했다. "백부님, 좀 계시다가 저를 보고 가시지 왜 그냥 가셨어요?" 백부가 말했다. "아! 정수가? 너 이제 박 서방 올 때까지는 그 많은 아이들 데리고 너 혼자 돈암동고개[미아리고개] 넘지 마라. 위험하다. 꼭 필요하면 내가 차를 보낼 테니까 너 혼자 아이들 데리고 돈암동고개 넘으면 안 된다." 내가 말했다. "백부님, 내가 없는데 할머니 모시고 가버리면 어떻게 합니까. 오신다고 하셨으면 제가 좀 더 빨리 와서 백부님을 기다렸을 텐데. 할머니 좀 바꿔주세요." 할머니께서 받았다. "정수가? 우리 많이 안 봤나. 너무 걱정하지 말고 박서방 올 때까지 아이들 잘 키우고 있어야 할 것 아이가. 백부가 너를 보고 왔어야 했는데 시어머니께서 계셔서 못 있고 그냥 왔다."

그런데 며칠 후 오전 10시경 백부가 전화를 했다. "정수야, 할머니께서 안 좋으시다, 이제 노환이라 어쩔 수 없는 일이라고는 하나…… 아무튼 좀 다니러 오거라." 내가 말했다. "아니, 백부님, 며칠 전에 돈암동고개를 넘지 말라고 하시더니." 바로 그 순간 불길한 예감이 확 스쳤다. 전화 수화기를 내려놓자마자 100일도 안 된 막내아들을 포대기에 둘둘 싸서 안고 차임이를 데리고 택시를 탔다.

시흥 백부 댁에 세 분의 고모님과 세 분의 고모부님들께서 계셨고 이구동성으로 나를 반갑게 맞아주셨다. "아이고 왔나. 박 서방은 잘 있다고 하드나?" 여섯 분의 고모님 내외분들께 인사를 드렸다. 큰 고모부님에게 말씀하셨다. "아이고 정수 왔구나. 우리 조카 서울대 교수에게 시집을 갔다고. 아들을 셋이나 낳았다면서. 데리고 있는 시조카는 잘 있나? 학교는 잘 다니나?" 그 반가운 큰 고모부님의 인사말이 잘 들리지 않았다. 간단하게 인사를 드리고 할머니 방으로 들어갔다. 주무시고 계시는 할머니의 손을 잡았는데 손톱이 온통 보라색이었다. 깜짝 놀랐다.

말봉 고모님께서 말씀하셨다. "할머니 손톱이 보라색인 것은 별것 아니다. 할머니께서 혼자 포도 서른 관을 다 포도주 담그셔서 그렇다. 걱정하지 마라." 그때 할머니께서 깨어나셨다. "감자하나 삶아 오너라." 할머니께서 감자를 드시고 주무셨다. 조금 후 깨어나셨다. "수밀도 하나 가져오너라." 수밀도는 말랑말랑하고 달콤한 복숭아다. 할머니께서 수밀도를 맛있게 드시고 주무셨다. 잠시 후 할머니께서 깨어나셨다. "말봉 오라고 해라." 바로 옆에 계시던 말봉 고모님께서 대답하셨다. "엄마 나 여기 있습니다." "말봉아, 날 목욕 좀 시켜라." 할머니께서 목욕을 하시기 전에 농짝에서 이런저런 옷을 내어오라고 분부하셨다. 목욕을 하시고 옷을 다 갈아입으시고 고모님들의 부축을 받아 밖으로 나가셨다. 그때가 해질 무렵이었는데 늘 하시던 대로 해지는 서쪽을 향해 서서 합장을 하시고 큰 절을 올리셨다. 그리고 다시 고모님들의 부축을 받아 방으로 돌아오셔서 주무셨다.

한참 후 말봉 고모님께서 할머니 귀에 대고 나지막이 말씀하셨다. "엄마, 엄마 눈 좀 떠보세요. 엄마 좋아하는 정수 왔습니다." 할머니께서 눈을 살포시 뜨시고 나를 보고 지긋이 웃으시면서 말씀하셨다. "정수야, 뭐 하러 왔노. 우리 많이 오래 안 봤나." 내가 데리고 온 막내아들을 할머니 옆에 뉘었다. 할머니께서 말씀하셨다. "이 어린 것을 데리고 뭐 하러 왔노. 가거라. 빨리 가라. 아이 병날라."

도무지 발이 떨어지지 않았지만 백부가 내어준 차로 막내아들과 차임을 데리고 미아동 집으로 돌아왔다. 오면서 예감이 좋지 않았다. 백부의 차를 그냥 빈차로 보내면 나중에 후회할 것 같았다. 다행히 아직 미아동 집에 시어머니께서 계셨다. 막내를 시어머니께 맡겨놓고 백부의 차를 타고 시흥으로 돌아갔다.

시흥 백부 댁의 그 넓은 정원에 백여 개의 백열등이 환하게 켜져 있었다. 대문 입구부터 대낮처럼 밝았다. 집 안으로 마구 달렸다. 이미 할머니께서는 혼수상태에 계셨다. 고모님들께서 그동안 있었던 일을 소상하게 알려주셨다. 백부가 "아무리 노환일지라도 이럴 수는 없다"

고 하시면서 청량리 위생병원장에게 왕진을 청했다. 병원장이 할머니의 용태를 보고 알부민 주사를 놓았다. 할머니께서 눈을 살짝 뜨셨다. "아이고, 나는 한 평생 침은 맞아봤어도 주사는 처음이다. 침을 왜 맞았는가하면, 내가 낮잠을 자고 나니까 입이 돌아갔다. 그래서 침을 맞았고 입이 돌아왔다. 그런데 말봉의 시모인 내 사돈도 나처럼 입이 돌아갔다. 내 말 듣고 침 맞아 입이 돌아왔다. 침을 놔준 한의사가 사돈끼리 왜 차례대로 입이 돌아갔느냐 서로 싸웠느냐고 농담을 하더라." 그리고 할머니께서 주변에 있는 사람들에게 말씀하셨다. "불 밝혀라. 손님 많이 오신다." 할머니께서 다시 깊은 잠에 드셨고 그렇게 숨을 거두셨다. 할머니께서 돌아가신 그해 연세가 86세였다.

할머니 시신을 벽제 화장터에서 화장했다. 세 고모님들께서 화장을 하라는 할머니의 유언을 전달했으나 처음에는 백부가 막무가내로 반대했다. 고모님들이 백부께 할머니 유언의 배경을 설명했다. 백모가 그 훌륭한 자식들이 죽어나간 이유를 할아버지 산소를 잘못 쓴 데서 찾았다는 것이다. 백부도 그 말을 듣고 화장을 하지 않을 수 없었다. 백부와 나는 화장막 밖에서 하염없이 기다렸다. 화장막 안에서는 백부 댁 식구들이 "지장보살"을 외쳤다. 특히 수절하는 사촌 올케(윤수남)의 목소리가 크게 들렸다.

이제 친정에서 나를 진정으로 사랑하는 사람은 말봉 고모님 딱 한 분 남았다. 미아동 집은 지대가 굉장히 높았다. 말봉 고모님께서 우리 집에 계시다가 석관동으로 가시면 고모님의 뒷모습이 시야에서 완전히 사라질 때까지 하염없이 쳐다보았다. 말봉 고모님께서 온다고 전화를 하시면 고모님의 모습이 내 시야에 들어올 때까지 담장 밖으로 목을 빼고 기다렸다. 그냥 그렇게 하고 싶었다.

그때가 아마 할머니께서 돌아가신 이듬해 초겨울이었을 것이다. 말봉 고모님께서 부산에 다녀오시면서 석관동으로 가시기 전에 미아동 우리 집에 먼저 들르셨다. 두루마기를 벗지도 않은 채 부엌에 들어가셔서 익숙한 솜씨로 부산에서 사온 전복을 다듬어 내 입에 넣어주셨다. 고모님께서 두루마기 안주머니에 손을 넣으며 말씀하셨다. "정수야, 내가 옛날에 조개를 먹다가 흑진주를 씹었는데 이것이 바로 그거다." 고모님께서 작은 흑진주를 하나 보여주시며 말씀하셨다. "사람들이 이것을 밀가루 독에 넣어두면 자란다고 해서 넣어 놨는데 안 크더라. 제주도 사람들은 누구라도 진주를 하나씩 갖고 있단다. 사람이 죽을 때 진주를 입에 넣고 죽으면 알게 모르게 지은 죄를 다 용서받는다더라. 그래서 내가 이번에 이걸 그냥 가지고 왔다."

그날 고모님께서 이런 말씀도 하셨다. "정수야, 내가 이번에 부산 가서 윤수남과 화해했다. 그동안 대소 간에 집안행사가 있어도 서로 일절 말 안하고 지냈는데 이번에 내려가서 윤수남을 만나고 왔다. 내가 시고몬데 내가 그를 만나러 간 것 자체가 화해하자는 뜻 아니겠나. 윤수남도 나를 보고 굉장히 반가워하더라. 그래서 내가 이번에 먼저 화해를 청해서 화해하고 왔다. 이제 부산 갈일 없다." 윤수남은 나의 사촌 올케 언니인데 말봉 고모님의 경남여고 1년 선배다. 고모님께서 수절하시는 사촌 올케와 말씀을 안 하고 지내신 것은 순전히 나 때문이었다. 결혼하고 몇 달 되지 않은 1959년 9월 백부가 4대 민의원 보궐선거에 출마해 친정집 사람들이 총동원되었고 나도 양산에 내려갔다. 말봉 고모님께서 나를 반겨주셨다. "정수 왔나! 어!" 고모님께서 내 옷고름이 다 뜯어진 것을 보셨다. "도대체 이게 무슨 일이고?" 고모님께서 은희와 은희의 남편 김석률 대위를 동래로 보내시고는 친정집 사람들이 다 모인 자리에서 사촌 올케 언니를 마구 야단치셨다. 그 후로 두 분께서 일체 말씀을 섞지 않으셨는데 화해를 하셨다고 하셔서 나도 마음이 편했다.

그리고 이듬해 이른 봄이었다. 늦은 아침에 말봉 고모님의 막내아들이 미아동 집으로 날 찾아왔다. "엄마가 누나 좀 오라십니다." 고모님 댁으로 가니까 고모님께서 누워 계셨다. 말씀을 아예 못하시고 얼굴표정과 몸짓으로 나에게 무슨 얘기를 하시는 것 같은데 도무지 알아들을 수 없었다. 남편이 미국으로 가기 전에 미리 알아둔 미아동 시장 근처의 내과병원으로 고모님을 모셨다. 그곳은 서울대학교 의과대학의 모 내과교수가 최근에 개업한 병원이었다. 말봉 고모님의 병명은 고혈압에 의한 뇌졸중이었다.

고모부님과 함께 입원수속을 하고 병실을 잡았다. 그리고 얼른 집에 가서 어린아이들을 돌보며 미음을 끓이고 고모님의 병수발을 할 준비를 단단히 했다. 그날 저녁에 미음을 가지고 병원으로 갔다. 왼쪽 어깨와 손으로 누워계신 고모님의 뒷머리를 감싸 올리고 오른손으로 미음이 담긴 알라딘 램프처럼 생긴 작은 유리 주전자 손잡이를 잡고 주전자 입을 고모님의 입에 갖다 댔다. 고모님께서 아주 조금 드셨다. 그날 밤은 고모님의 막내딸과 고모부님께서 고모님을 지키셨다.

11. 남편의 하버드행과 할머니와 말봉 고모님의 극적인 죽음   159

　다음 날 아침 아이들 밥을 먹여놓고 또 미음을 끓여 병원에 가져갔다. 고모부님께서는 세수 대야와 비누 등을 챙기려고 석관동 집에 가시고 없었다. 혼자 있는 고모님의 막내딸을 아침도 먹고 세수도 하라고 미아동 집으로 보냈다. 그 전날처럼 왼쪽 어깨와 손으로 누워계신 고모님의 뒷머리를 감싸 올리고는 오른손으로 미음이 담긴 알라딘 램프처럼 생긴 작은 유리 주전자 손잡이를 잡고 주전자 입을 고모님의 입에 갖다 댔다. 그런데 미음이 그냥 뺨을 타고 흘러내렸다. 이상하다 싶어 원장실로 달려갔다. 병원장 교수님은 대학병원으로 출근해서 없고 부원장이 달려왔다.

　"운명 하셨습니다." 그분이 얇은 무명천으로 고모님의 얼굴을 가렸다. 너무나 당황스러웠다. 병원 현관으로 내려가 고모님의 막내딸과 고모부님을 기다렸다. 고모부님께서 도착하셨다. "왜 내려와 있노?" 아무 말을 할 수 없었다. "왜, 안 좋나?" 내가 말을 못하고 가만있으니까 말씀하셨다. "안 좋구나." 내가 말씀드렸다. "운명하셨답니다." 고모부님께서 쓰러질 듯하며 말씀하셨다. "아이고, 나는 몰라." 고모부님께서 병실로 올라가시지 않으시고 석관동으로 가셨다. 나 혼자 병원 현관에 서 있는데 고모님의 막내딸이 돌아왔다.

　이미 날은 어두웠는데 그 내과병원에는 영안실이 없어 시신을 모시고 나가야 했다. 그 병원은 신설병원이었는데 신설병원의 첫 환자는 죽어나가는 징크스가 있다는 말도 들었다. 병원에서는 빨리 시신을 모시고 나가달라는 눈치였고 돌아오신 고모부님께 그런 눈치를 전해드렸다. 고모부님께서 "알았다"고 하시고 석관동으로 가셨다. 조금 후

○○대학교 총무과장이라는 사람이 왔다. 그분이 말봉 고모님의 장례 준비를 했다.

고모님께서 돌아가신 그날 밤 늦게 너 댓 사람이 병원으로 문짝을 들고 왔다. 그들이 고모님의 시신을 수습해서 문짝 위에 올려놓고 석관동으로 갔다. 나도 석관동까지 그들을 따라갔다. 석관동 집에 고모님의 빈소를 마련하는 것까지 보고 혼자 무서움에 덜덜 떨면서 미아동 집 쪽으로 발길을 옮겼다. 고모님 댁 근처 초등학교 모퉁이를 돌아 큰길을 건너려고 서 있는데 맞은편에서 누군가가 나를 불렀다. "언니!" 그 소리를 듣자마자 다리에 힘이 풀려서 주저앉았다. 그는 나의 동래여고 후배였고 남편이 우리 집 근처에서 병원을 개업하고 있었다. 아침에 고모님께서 입원하신 병원에 가기 전에 집에 있는 아이들을 부탁했는데 내가 안 오니까 거기까지 와서 나를 기다린 것이다.

다음날 새벽 석관동 고모님 댁으로 갔다. 일가친척들이 많이 와 있었고 여자들이 넋두리를 하고 있었다. 문길 엄마와 창날엄마도 계셨다. 창날엄마는 고모님의 사촌 동서이신데 국회의원과 문교부 장관과 경향신문사 사장을 지내신 박찬현 씨의 장모님이시다. 지금도 그날 창날엄마께서 병풍 뒤에 계신 고모님께 풀어놓은 넋두리를 잊을 수 없다. "동서야, 너에 왜 나에게 말 안하고 죽었노. 내가 영감에게 전할 말이 많은데. 우리 딸이 시집간 사위가 엄청나게 출세해서 자랑할 일이 너무 많은데. 너 왜 나에게 말 안하고 죽었노." 창날엄마는 별명이다. 삼국지에 나오는 여포가 휘두르는 창날처럼 말을 굉장히 날카롭게 한다고 해서 그런 별명을 얻으셨다.

11. 남편의 하버드행과 할머니와 말봉 고모님의 극적인 죽음

석관동에서 고모님의 시신을 실은 영구차가 떠나는 것까지 보고 집으로 돌아왔다. 53세에 돌아가신 말봉 고모님은 7천석꾼 집안의 막내딸로 태어나셔서 누릴 수 있는 부귀영화를 다 누리셨고 당대 최고의 명문가에 시집가셨고 돌아가실 때에도 병치레 한 번 하지 않고 편안하게 돌아가셨다. 너무 일찍 돌아가신 것이 아쉽다고 할 수도 없다. 만일 고모님께서 더 오래 사셨더라면 험한 꼴을 많이 보셨어야 했다. 고모님께서 돌아가신 후 얼마 지나지 않아 고모부님께서 암에 걸렸고 오래 투병하시다 돌아가셨다. 그 후에 장남이 암에 걸려 죽었다. 나머지 자식들도 잘 되지 못했다.

어려서는 양산에서 어머니, 성룡 오빠, 의룡 오빠를 잃고 외톨이가 되었는데 나이 삼십에 객지에서 할머니와 말봉 고모님을 한꺼번에 잃고 또 외톨이가 되었다. 남편은 미국 하버드대에 가고 없고 시조카와 아들 셋을 데리고 혼자 남았다. 그때 막막한 심정은 도저히 말로는 표현할 수 없다.

남편이 하버드대에서 돌아오는 날 부흥부에 계시던 남편의 친구 최○○ 씨께서 나를 김포공항까지 데려다 주셨다. 그분이 운전하시는 차로 아리랑고개를 넘었다. 오랜만에 차를 타고 기분전환을 해서 가슴이 후련했다. 지금도 그분의 선량함을 잊을 수 없다. 최근 그분께서 상처를 하셨는데 남편이 소개한 분과 재혼하셨다.

12. 카터 대통령의 미군 철수를 무산시킨 박정희 대통령의 소련밀사계획

1960년대는 미국과 소련의 냉전시대(cold war era)였다. 봉쇄(containment)라는 개념을 입안하여 냉전의 이론적 토대를 만든 주駐 소련미국대사 케난(George Kenan)이 1964년 초 외교저널 포린어페어스(Foreign Affairs)에 '만일 한국이 한일국교정상화를 하지 않는다면 미국의 동맹국이 될 자격이 있느냐'는 취지의 논문을 실었다. 그때 국내에서는 냉전이라는 새로운 국제정세를 이해하지 못하고 한일국교정상화를 굴욕외교라면서 반대하는 사람이 많았다. 미국과의 동맹을 다지는 데 필요한 월남전 참전에 대해서도 찬반양론이 분분했다.

한편 1960~1970년대에 국내에서는 공산주의세력의 국가전복시도가 끊이지 않았다. 그 당시 좌익이론가로 활동한 전 서울대 경제학과 교수가 최근 이것에 관련된 증언을 했다.[1] 1964년 8월 적발된 1차 인민혁명당(인혁당)사건, 1968년 통일혁명당(통혁당)사건, 1974년 4월의 2차

---

[1] 안병직, 「민주화운동과 민주주의: 좌익운동을 중심으로」, 『한국 민주주의의 기원과 미래』, 시대정신, 2011.

12. 카터 대통령의 미군 철수를 무산시킨 박정희 대통령의 소련밀사계획 163

인민혁명당사건, 1979년 10월의 남조선민족해방전선준비위원회(남민전) 사건, 그리고 1979년 12월의 김정강 그룹사건이 모두 실체가 분명한 공산혁명운동사건이라는 것이다. 1차 인혁당은 자생적 공산혁명조직이고, 통혁당은 북한의 지령에 의해 결성된 조직이다. 2차 인혁당(인혁당재건위원회)도 실체는 있었으나 민청학련을 지도하지 못해 활동이 미미했다. 그런데 가담자 대부분이 사형선고를 받았다. 1979년 10월에 적발된 남민전은 북한과 연합전선 구축을 시도했고 심지어 무장 게릴라 활동자금을 마련하기 위해 강도행각까지 벌였는데도 불구하고 민주화운동 관련자 명예회복 및 보상심의위원회가 2006년 관련자 29명을 민주화운동 관련자로 인정했다고 한다. 1979년 12월 적발된 좌익지하조직 김정강 그룹은 경찰수사과정에서 전모가 파악되었으나 물증이 없고 10·26사태로 어수선해진 사회분위기 때문에 2명이 금고형을 받은 데 그쳤다고 한다. 안병직 교수는 당시 수사기관에 의해 드러나 언론에 보도된 공산주의세력의 국가전복시도가 대부분 사실이고 "당시 사회주의운동은 민주화라는 명분을 걸었지만 사실상 그 사상 내용으로는 민주주의와 아무런 관련이 없는 운동을 했다"고 진술했다.

남편은 하버드대로 가기 전 1964년 봄 사상계(思想界)에 기고한 논문에서 민족(nation)이라는 개념의 정의를 내렸는데 이것이 1983년부터 민족의 보편적 개념으로 통용되는 "상상의 정치적 공동체(imaged political community)"와 일맥상통한다.[2] "민족이란 공통의 역사적 발전단계를 겪

---

[2] 「사대주의(事大主義)와 민족주의(民族主義): 정쟁의 도구로 쓰이는 정치인의 주의·주장」, 『사상계』 1963년 4월~1964년 2월) ; Benedict Anderson, *Imagined Communities: Reflections on the Origin and Spread of Nationalism*, London:

는 동안에 공통의 사상과 감정을 [상상하고] 일정한 영역에 모여 살고 있는 인간의 총체를 말한다. 대부분의 경우 이들은…… 사상과 감정을 전달하고 전달 받는 수단으로서의 공통의 언어를 가지고 공통의 의지를 가지고 있다. 이러한 공통의 의사 표현으로서 한 국가의 형성을 지향하고 또 그 나라의 발전과 팽창을 도모하는 것이 유럽의 근대사에서 보아온 민족 또는 민족사상이다. 이러한 민족의 정의에서도 가장 결정적으로 중요한 것은 공통의 역사적 발전단계를 갖는다는 것이다. 같은 언어와 종족種族의 앵글로색슨이 나라를 달리하고 있는 것은 역사적 발전단계를 달리 하[여 공통의 민족을 상상하지 못하기] 때문이며 종교는 이미 정교분리政敎分離의 사상으로 의미 없는 것이 된지 오래다. 민족형성의 결정적 계기는 '정치'가 결정하는 역사적 발전단계를 같이 겪느냐 않느냐에 있다. 민족사상이라는 것은 예나 지금이나 타 민족에 대한 자타의 분별에서 시작한다." 그렇다면 60년 넘게 상이한 정치와 역사적 발전단계를 갖게 된 한국과 북한이 자발적으로 공통의 민족을 상상해서 평화롭게 통일을 이루기는 어려울 것 같다.

1966년 하버드대에서 귀국하고서도 남편은 공부를 굉장히 열심히 했다. 내 평생 남편보다 공부를 더 열심히 하는 사람을 본 적이 없다. 아이들도 다 공부 잘했지만 고3 때에도 남편보다 더 열심히 하지는 않았다. 남편은 이미 교수인데도 미국 대학원에서 박사과정을 마무리 짓는 학생처럼 죽어라 공부만 했다. 아무튼 남편의 공부 벽 때문에 휴일에도 아이들 데리고 놀러나간 적이 거의 없었고 결혼생활이 뭐 그

Verso, 1983.

다지 즐거웠다고는 할 수 없었으나 남편에 대한 자부심은 강했다.

　귀국한 지 며칠 되지 않은 1966년 8월 27일 남편은 경향신문 편집국장 조세형 씨의 사회로 월남전 참전을 반대한 유일한 여당 국회의원과 월남전에 얽힌 국제정세를 놓고 좌담회를 가졌다. 그때까지는 미소냉전이 유지되었고 한국에 대한 미국의 안보개입이 후퇴할 조짐이 없었다. 이코노미스트지를 비롯한 해외의 정통한 관측통들은 월남전을 미국과 중공이 벌이는 사실상의 3차 세계대전으로 간주했다. 남편은 이런 관측에 설명을 덧붙였다. "미국이 표면상으로는 월남의 독립을 제한된 목표로 내세우고 있지만 그 목표달성을 위한 [물자] 동원에는 제한을 두고 있지 않다. 그것은 미국이 월남전쟁을 중국팽창의 일환으로 보고 북쪽의 상대자를 월맹이 아닌 중국으로 규정하고 있기 때문이다. 미국의 목표는 중공이 현재의 저지선에서 한걸음도 나오지 못하게 하는데 있다. 따라서 월남전쟁은 적어도 미국과 중공관계(소련을 제외한)에서만 볼 때에는 어떤 협상을 위한 제한전쟁이라기보다 승리를 위한 대전쟁의 시작이라 볼 수도 있다."[3] 1966년 말에도 남편은 조세형 씨의 사회로 서울대학교 S○○교수님과 좌담회를 가졌다.[4] 그때까지만 해도 우리나라의 안보상황에 이렇다 위협이 발생하지 않았고 남편은 1968년 "사상계思想界"에 제3공화국의 군사행정편의주의를 비판하는 글을 실었다.

---

[3] 「좌담회: 한국이 안은 國制바람(상)」, 『경향신문』 1966년 8월 27일.
[4] 「올해의 국제정세를 분석하는 송년좌담: 세계 '66」, 『경향신문』 1966년 12월 29일.

그런데 1969년 5월 닉슨 대통령이 월남전 종전을 선언하고 월남문제를 군사적으로 해결하지 않겠다면서 새로운 '평화안'을 들고 나왔다. 이것이 그해 7월 괌에서 '닉슨독트린'으로 발표되었다. 1970년 2월에는 닉슨독트린이 미 의회에 보낸 외교교서를 통해서 세계에 선포되었다. 앞으로는 아시아에서 미국이 월남전과 같은 군사적 개입을 피할 것이므로 아시아 각국이 내란이나 침략에 대해서는 스스로 협력하여 대처하라는 것이다. 미국이 태평양 연안국가로서 중요한 역할은 계속 하겠으나 직접적이고 군사적이고 정치적인 과잉개입은 삼갈 것이고 자조自助의 의사를 가진 아시아 국가만 측면에서 지원하겠다는 것이다. 선거를 앞둔 닉슨후보가 표를 의식해서 아시아에 주둔하는 미 지상군은 더 이상 전투에 참여하지 않겠다는 공약을 내세운 것이다. 닉슨독트린은 북한보다 경제력으로나 군사력으로 뒤쳐져 있었던 우리나라를 심각한 안보위기로 몰아갔다.

1970년 남편은 중공과 데탕트를 시도하는 미국의 한국에 대한 안보의지가 퇴색할 수밖에 없다고 봤다. 그리고 민병권 국회국방위원장 그리고 서범석 국회의원과 함께 아시아의 비 미국화정책, 주한미군 철수계획, 장비현대화 이행지연 등 최근 미국의 대한정책이 20년 전 6·25전쟁 발발과 관련시켜볼 때 한국의 안보를 또다시 위험에 빠뜨릴 가능성이 대단히 높다고 경고했다.[5] 또한 남편은 미국이 중공과의 관계정상화를 촉구하기 위해 주한미군의 병력과 시설을 계속 줄여나갈 것이라고 예측했다.[6] 미국이 주한미군의 철수를 정당화하기 위해서

---

[5] 「한국의 안보: 6·25 스무 돌을 맞아 총점검한다」, 『경향신문』 1970년 6월 13일.

북한의 호전성을 크게 줄이는 조치를 취할 것이고 또한 미국이 중공을 유엔에 가입시킬 것이 거의 확실한 마당에 할슈타인 원칙이 더 이상 무의미하고 결국 남북한의 동시 유엔가입이 불가피할 것으로 내다본 것이다.

1971년 7월 남편은 대한상공회의소에서 경제인들이 주선한 간담회에 참석하여 다른 참석자들과 함께 '한반도의 긴장완화를 통한 남북간의 대화' 문제를 공개적으로 논의해서 주목을 받았다.[7] 이 자리에서 남편은 두 분의 다른 교수님들과 함께 닉슨의 중공방문이 아시아의 세력균형을 미국, 소련, 일본, 그리고 중공 4대국 중심으로 재편성하고, 중공과 한반도의 긴장을 급속히 완화할 것이라는데 의견을 모으고 미국의 대한정책의 본질이 남북당사자 간의 대화촉구에 있는 것 같다고 분석했고, 닉슨이 중공에게도 남북한의 긴장완화와 대화를 요구할 것 같다고 판단했다. 남편은 미국이 유엔의 요구가 나오기도 전에 주한미군을 철수시킬 것 같다고 보았고 다른 교수님과 함께 일본이 경제대국에서 군사대국으로 발전할 것이 거의 확실하므로 우리 스스로 자주적으로 한반도 긴장완화를 추구하지 않으면 휴전선이 일본 등 인접국의 방위선으로 변질될 가능성이 있다고 경고했다. 남편과 그 교수님은 미국이 한국에게 요구하는 것이 무엇인지 파악하고, 미국의 요구에 따르면 한국이 어떤 손해를 보는지 철저히 검토하면서 능동적으로 적응해야 한다고 정부에 건의하면서 남북 간에 정치경쟁, 경제경

---

[6] 「갈림길에 들어선 外交: 美·中共 解氷속의 韓國」, 『경향신문』 1971년 6월 17일.
[7] 「남북대화문제 논의: 商議간담회 양체제의 경제경쟁 주장도」, 『동아일보』 1971년 7월 28일.

쟁, 그리고 사회경쟁을 벌여야 한다고 주장했다.

　1971년 8월 제2차 세계대전 이후 등장한 금본위제(gold standard) 자유주의 경제체제, 즉 브레튼우즈(Bretton Woods) 체제가 무너지는 엄청난 사태가 발생했다. 1960년대 말부터 미국은 눈덩이처럼 계속 증가하는 무역적자와 재정적자 때문에 골머리를 앓고 있었다. 미국은 소련과 냉전을 위해 자유진영의 수출을 받아주어야 했고 엄청난 무역적자가 쌓였다. 세계경제는 미국이 재정적자를 감수하며 발행한 달러화를 기축통화로 사용하고 있었다. 그때 이미 미국이 발행한 달러화의 가치가 미국이 보유한 금 가치의 몇 배에 달했고 그러한 사실 때문에 세계경제가 불안했다. 1971년 여름 갑자기 프랑스가 미국에 거액의 달러화를 돌려주면서 그에 상응하는 금을 요구했고 닉슨 대통령이 1971년 8월 달러화의 금 태환 정지를 선언하여 브레튼우즈 체제가 무너졌다. 이로 인해 발생한 불확실성(uncertainty) 때문에 세계가 공황상태로 접어들었다. 이러한 마당에 미국과의 안보동맹만 믿고 있을 수는 없게 되었다. 미국을 마냥 신뢰할 수 없게 된 것이다.

　그 무렵 국내 정치학계에서 '자주외교'라는 개념이 등장했고 미국에 의존하는 기존의 외교정책 틀을 수정해야 한다는 여론이 높았다. 1971년 8월 6일 김종필 국무총리가 국회국정보고에서 "우리와 적대행동을 하지 않는 어느 국가와도 수교할 태세를 갖추고 있다"고 발표하여 자주외교를 위한 정부의 강력한 의지를 표명했다.[8] 남편도 1971년 9월 월

---

[8] 「安保外交 현실과 理想: 國會서 提示된 問題點을 各界에 들어본다」, 『경향신문』 1971년 8월 12일.

간지 『신동아』에 기고한 논문에서 자주외교의 필요성을 역설했다.[9]
"과거 우리는 미국의 명확한 틀이 짜인 정책윤곽 속에서 우리 외교의 방향과 영역을 설정했으나 앞으로는 적어도 유동적인 미 중공, 미 소 간의 관계에서 우리 외교의 독자적인 방향과 영역을 찾지 않으면 안 되게 되었다. 흔히 우리는 자주외교란 말을 듣는다. 우리는 미국외교 정책의 변화와 흐름 속에서 우리 외교의 독자적 영역을 찾고 우리의 자세를 무리 없이 정립함으로써 자주외교의 면목을 찾아야겠다."

실제로 1971년 미군 철수가 시작되었고 안보위기사태가 현실이 되었다. 1971년 닉슨대통령이 미 제7사단을 철수했고 1973년에는 한국에 주둔해 있는 유일한 미군부대인 2사단마저도 철수할 예정이라는 발표가 있었다. 1975년에 가서야 겨우 우리나라의 경제력이 북한의 경제력과 비슷해졌기 때문에 1971년의 미 제7사단의 철수와 1973년의 미2사단 철수계획은 심각한 문제가 아닐 수 없었다.

1973~1974년 남편의 일정이 바쁘게 돌아갔다. 남북대화의 시작에 맞춰 1973년 1월 23일 중앙정보부 정보국장 김○○ 장군이 북한연구소를 설립할 때 이사로 참여했다. 동년 3월 한국 적십자사 자문위원으로 위촉되어 평양에서 열린 남북적십자회담에 참여했고 5월에는 서울에서 열린 남북적십자회담에 참여했다. 그 후 10여 년간 남북적십자회담 사무국 자문위원으로 활동했다. 북한이 유엔에 대표부를 설치한 1974년 9월 제24차 유엔총회대표의 일원으로 참여해서 북한의 유엔대표부

---

[9] 「장을병, 이달의 잡지(上)」, 『동아일보』 1971년 9월 27일.

의 한시혁(또는 시해라고 불렀음) 등과 접촉하기도 했다.

내가 두 번째로 육영수 여사와 마주친 것은 여사님께서 1974년 8월 15일 문세광의 흉탄에 돌아가시기 며칠 전이었다. 그때 우리는 연세대학교 북문 근처 연희동에 살았는데 앞집에 6관구사령관을 지내신 모 장군이 사셨다. 1974년 8월 초순 어느 날 무슨 일로 그 집에 들렀다가 모 장군의 부인과 담소를 나누시던 육영수 여사님과 마주쳤다. 우아하셨고 아름다우셨으나 약간 초췌해보였다. 그날도 간단한 목례를 드렸다.

1975년 4월 30일 미국의 지상군이 철수한 지 4년 만에 발생한 월남 패망은 한국사회에 필설로 형용할 수 없는 충격을 주었다.[10] 패망 전 월남의 친미정부에 베트콩 첩자들이 우글거린 사실이 백일하에 드러났다. 공산 월남정부의 전면에 낯익은 얼굴과 이름이 매일 튀어나왔다. 열렬한 반공주의자로 알려졌던 사람들이 알고 보니 베트콩이었다. 공산화 이후 모 지역의 성장省長으로 취임한 월맹군 장교가 공산화 전에 신분을 감추고 미CIA요원들의 통역을 한 사실이 서방세계를 아연실색케 했다. 1975년 4월 혁명정부가 들어설 때까지 월남에 남아 있었던 한 미국인이 자신의 설계사무소에서 일한 월남인 20명을 조사해보니 거의 전부 베트콩 신분증을 갖고 있었다. 미 정보당국은 한때 2만 명의 베트콩 첩자가 월남과 미국에 침투해 있다고 추산했는데 이 숫자가 과장 없는 정확한 것이라고 수긍할 수밖에 없었다.

---

[10] 「미 CIA 통역이 베트콩: 월남 패망하자 탈 벗고 前列에」, 『경향신문』 1975년 9월 11일.

1976년 1월 남편은 유정회(유신정우회)가 주최한 "유신의 이념과 과제"라는 세미나에 초청받아 강연을 하면서 미국이 결국 북한을 승인할 것이고 주한미군에도 중대한 변화가 있을지도 모른다고 지적했다.[11] 남편은 포드 대통령이 신태평양선언에서 언급한 한반도 평화정착 방안을 달성하기 위해서 김일성으로 하여금 거짓으로라도 남북한공존의 원칙을 받아들이게 해야 하는데 그러려면 반드시 무언가를 양보해야 한다고 미국사람들이 생각할 가능성이 있다고 전제하고 미국이 할 수 있는 양보는 교호승인交互承認을 향한 준비일 것이며 군사적으로는 주한미군의 지위변경일 것이라고 전망했다. 그리고 남편은 월남의 공산화 이후 미국의 동북아정책에 본질적 변화가 없고 주한미군의 성격에 관해 미국 내에서 언제든지 논쟁이 일어날 수 있으며 한미동맹은 가변적이고, 우리의 우방과 우리의 안보관은 일시적이며 단편적인데 반해 북한과 배후공산세력의 압력은 장기적이고 역사적이라며 한국의 자주적 국방력 배양을 강조했다.

1976년 11월 4일 남편은 미국 민주당의 지미 카터 후보가 대통령으로 당선된 직후 언론사가 주최한 대담에서 카터가 주한미군을 철수시킬 것이라고 확신했다.[12] 남편은 카터가 월남전 패전으로 기성체제에 대한 의구심이 극도로 증폭된 미국사회에서 기성체제를 효과적으로 공략하여 당선되었다고 진단하면서 카터의 선거공약과 정강정책에 주

---

[11] 「유정회 세미나 안전보장 내세운 기업위축 없어야」, 『동아일보』 1976년 1월 9일.
[12] 「미국의 새 정책방향을 진단하는 긴급정담: 카아터 체제와 한반도」, 『동아일보』 1976년 11월 4일.

목했다. 카터의 외교정책 원칙은 첫째가 미국의 도덕적 권위의 회복이고 둘째는 미국의 안전이 직접적으로 위협받지 않는 곳에서 군사개입을 삼가는 것이며 셋째는 외교정책과정의 공개주의다. 이 중에서 우리와 관련된 것은 첫째와 둘째 원칙이다. 카터가 관료조직의 저항을 받지 않으면서 쉽게 수행할 수 있는 선거공약이 바로 주한미군 철수다. 카터가 미국의 안전문제를 언급하면서 구체적으로 언급한 해외 주둔군은 유독 주한미군이다. 남편은 이것을 중시해야 한다고 강조했다. 카터의 대한국발언은 민주당의 정강과 그의 선거공약에도 언급되어 있다. 남편은 카터가 선거공약 중에서 실천이 쉽고 실천해도 큰 탈이 없는 것이 한국문제라고 생각한다고 믿었고 의회에서 한국문제가 핫이슈가 될 것이고 이에 대한 관료조직의 반발도 강력하지 않을 것 같다고 추측했다. 남편은 카터가 여론에 영합하여 선거공약의 성실성을 쉽게 증명하는 대상으로 주한미군과 핵무기 문제를 선택할 것이라고 믿었다. "카아터가 한국문제를 군사내지 국제관계적 요청이라기보다는 오히려 美(미) 국내정치에 소화할 이슈로 보지 않을까 우려하는 것이죠." 남편은 의미심장한 발언을 덧붙였다. "예를 들어 카아터가 지상군地上軍은 단계적으로 철수하되 전술공군은 그대로 두어도 현 한미체제韓美體制는 존속이 된다고 생각한다면 문제가 있다는 것입니다."

1977년 3월 9일 카터 대통령이 박동진 외무장관과 회담에서 주한미군 철수계획을 발표했다. 카터는 미국의 해군과 공군 그리고 미국의 군수지원만 있으면 대한민국 국군이 얼마든지 단독으로 대한민국을 방어할 수 있고 주변 4강대국(미국, 소련, 중공, 일본)들이 한반도에서 또다시 전쟁이 발생하는 것은 절대로 원치 않는다고 주장했다. 따라서 미

12. 카터 대통령의 미군 철수를 무산시킨 박정희 대통령의 소련밀사계획 173

군을 한국에서 빼내어도 대한민국 국군을 현대화시키면 문제될 것이 없고 가장 강력한 전쟁억지력은 빠져나갈 미국의 지상군이 아니라 한국에 남는 공군에 있다는 것이다. 이제 한국경제의 규모가 북한을 앞질렀기 때문에 걱정할 것이 없다는 것이다.

그런데 1978년 11월 카터 대통령이 제2사단 철수를 중단했고 1977년에 설치하기로 합의한 한미합사령부를 예정대로 창설했고 주한미군의 철수를 무기한 연기하는 문제를 검토 중이라고 발표했다. 1979년 6월에는 박정희 대통령을 만나려고 서울을 방문한 카터 대통령이 철군계획의 전면 백지화를 선언했다. 미국의 지상군 제2사단은 소련이 무너지고 냉전이 해체된 지금까지 남아있다. 미군 철수는 1977년 9월 제2사단 병력 1천 명 그리고 1978년 11월 500명에 그쳤다. 주한미군 철수가 카터 대통령의 대선공약이었기 때문에 병력철수를 아예 하지 않을 수는 없었다.

도대체 무엇이 이렇게 급격한 정책변화를 초래했을까? 도대체 왜 미군 철수라는 카드로 박정희 대통령을 압박하던 카터 대통령이 갑자기 미군 철수를 중단했고 예정대로 한미연합사령부를 만들었고 주한미군 철수의 전면 백지화를 선언했을까? 주한미군 철수가 중단되기 1개월 전인 1978년 10월 휴전선 근처에서 제3땅굴이 발견되었으나 그것은 카터 대통령의 급격한 정책변화를 설명하는 독립변수가 아니다.

제3땅굴의 발견이 카터 대통령의 미군 철수 중단과 한미연합사령부의 창설과 미군 철수의 백지화를 설명할 수 없는 두 가지 이유가 있다. 첫째 카터 대통령의 미군철수계획은 1975년에 있었던 월남패망에도 불구하고 만들어진 것이다. 다시 말해서 카터 대통령이 한국의 안보에 별다른 관심이 있었다고 보기 어렵기 때문에 제3땅굴의 발견이 카터 행정부의 정책에 변화를 초래했다는 주장은 억지스럽다. 둘째 제3땅굴의 존재는 1978년 11월에 처음 알려진 새로운 사실이 아니다. 제3땅굴의 존재는 1974년 9월에 귀순한 간첩에 의해 이미 널리 알려졌고 1975년 제3땅굴을 찾기 위한 시추가 문산 지역에서 시작되었기 때문에 미국이 1978년 11월 이전에 제3땅굴의 존재를 몰랐다고 볼 수 없다. 카터 대통령의 미군철수계획은 월남패망과 제3땅굴의 존재에도 불구하고 대선공약으로 채택된 것이다.

이 책을 쓴 아들은 카터 대통령의 급격한 정책변화의 원인을 1977년 2~3월 박정희 대통령이 추진한 소련밀사계획에서 찾는다. 1977년 2월 14일 정부 모 부처의 고위직에 있었던 Y○○ 장군이 남편에게 B.S(남편 이름의 이니셜) 외 2명을 모스크바에 파견할 예정이니 들어와 사전교육을 받으라고 통고했다. 남편은 1977년 2월 21~28일 12시 30분부터 17시 20분까지 본청 323호실과 소회의실에서 소련밀사 업무를 위한 사전교육으로 K모 국장을 비롯한 4~5명의 국장급 인사들로부터 정치와 경제를 비롯한 국정 각 분야에 관해 브리핑을 받았다. 1977년 2월 23일 저녁 소련밀사계획을 총괄한 Y○○ 장군이 비원 근처의 유명한 D음식점에서 남편을 포함한 소련밀사 세 분에게 장도를 격려하는 만찬을 베풀었다. 여권은 1977년 3월 22일자로 발급되었다. 구체적인 훈령은 목적지를 향해 출발할 때 내려질 예정이었고 모스크바에서 만날 사람은 카피차 아시아 담당 외무차관이었다. 소련의 동양문제연구소에서 새

12. 카터 대통령의 미군 철수를 무산시킨 박정희 대통령의 소련밀사계획

마을운동을 연구하는 학자들도 만날 예정이었다. 남편이 Y○○ 장군에게 물었다. "미국과 의논은 되었습니까?" "에어프랑스(Air France)기가 이륙해서 모스크바를 향해 기수를 돌릴 때 모스크바 미국대사관에 연락하여 도움을 요청할 것입니다." 그때 모스크바에 운항하는 민간항공사는 에어프랑스 하나밖에 없었다. 이상은 소련밀사계획을 총괄한 Y○○ 장군이 2004년에 남편에게 확인해준 내용이다. 소련밀사계획은 출발 이틀 전에 연기되었다.

1977년 초 소련밀사계획이 결행 이틀 전에 극적으로 연기된 구체적 이유와 과정은 알 수 없으나 그 이후 1978년 11월에 카터 대통령이 자신의 대선공약인 주한미군 철수를 중단했고 한미연합사령부를 만들어 한미동맹을 강화했고 주한미군 철수를 백지화한 것을 볼 때 미국의 정보기관들이 박정희 대통령의 소련밀사계획의 실체와 결행의지를 확인했고 이것을 카터 대통령에게 전달했다고 추측할 수 있다.

만일 그때 박정희 대통령이 소련과의 외교를 계속 추진했더라면 소련이 한국과 함께 일본을 위협해서 미국의 동북아질서가 이상해질 가능성을 배제할 수 없었다. 카터가 주한미군 철수를 중단하는 데 그치지 않고 주한미군 철수계획을 백지화했을 뿐만 아니라 예정대로 한미연합사령부를 만들어서 한미군사동맹을 강화한 것은 박 대통령의 대소접촉시도가 일력을 했다고 추론해 볼 수 있다. 카터는 1979년 6월 한국을 방문해서 서울의 특급호텔을 마다하고 미군부대 안에서 병사들과 함께 조깅하고 병사들에게 둘러싸여 머물렀다.

1977년 2~3월 박정희 대통령이 추진한 소련밀사계획은 닉슨 독트린 이후 남편이 역설한 자주외교의 전형이다. 남편은 1971년 9월 월간지 『신동아』에 기고한 논문 「한국외교의 시련과 활로」에서 "우리는 미국 외교정책의 변화와 흐름 속에서 우리 외교의 독자적 영역을 찾고 우리의 자세를 무리 없이 정립함으로써 자주외교의 면목을 찾아야겠다"라고 말했다. 그리고 남편은 1976년 11월 4일 카터 민주당 후보가 대통령선거에서 당선된 직후 동아일보가 주선한 대담에서 수개월 후에 진행될 박정희 대통령의 소련밀사계획을 예고하는 것 같은 발언을 했다. "예를 들어 카아터가 지상군地上軍은 단계적으로 철수하되 전술공군은 그대로 두어도 현 한미체제韓美體制[가] 존속이 된다고 생각한다면 [그것은] 문제가 있다는 것입니다."

남편이 1978년 여름부터 미국 조지타운대(George Town University)에 6개월간 머물렀다. 박찬현 문교부장관이 국비로 대학교수를 미국에 보내 1년간 연수를 받게 하는 프로그램을 만들었는데 그 덕분에 조지타운대에 갔다. 남편이 미국에 있을 때 청와대의 모 비서관이 연희동 집으로 찾아와 대통령께서 주신 추석명절 떡값을 전해주면서 대통령의 당부를 전달했다. 대통령께서 추석명절에 격려금을 주셨다고 남편에게 편지를 쓰면 공부를 더 열심히 하지 않겠냐는 것이었다. 이렇게 박정희 대통령께서는 잔정이 많은 분이셨다. 그때 남편은 미국에서 희한한 광경을 봤다. 행정부는 중국과 대사급 외교관계를 맺었는데 입법부는 대만관계법(Taiwan Relations Act)을 만들었다. 바로 이 법에 근거해서 미국이 지금까지 대만에 무기를 판매하고 있다. 1978년 말 미국 조지타운대에 머물고 있는 남편이 유정회 국회의원 후보명단에 오르는 진

12. 카터 대통령의 미군 철수를 무산시킨 박정희 대통령의 소련밀사계획   177

풍경이 벌어졌다.[13]

    1979년 봄 박정희 대통령께서 돌아가시기 6개월쯤 전에 남편이 차지철 경호실장의 주선으로 여러 명의 학자들과 함께 박정희 대통령을 만나 이야기를 나누고 사진촬영을 하고 만찬도 했다. 그때 남편은 박정희 대통령의 자주외교에 관한 신념을 다시 확인했다. 대통령께서 미국이 마지막 남은 제2사단을 철수한다면 전시작전권을 회수하겠다고 말씀하셨다. 남편이 여쭈었다. "각하, 미지상군이 철수해도 미 공군과 해군은 남아 있는데 그것이 가능하겠습니까? 일본과 나토도 전시작전권을 회수하지는 않았습니다." 대통령께서 말씀하셨다. "박 박사는 아는 게 너무 많아서 탈이야."

---

[13] 「술렁대는 年末政局: 총선 뒤의 政治日程」, 『동아일보』 1978년 12월 12일.

13. 남편이 서울대학교 총장이 된 사연과 업적

    2011년 2월 21일 외교통상부가 1980년 5월 18일 광주에서 발생한 사건을 다룬 외교문서를 공개해서 사회적 파장이 일었다.[1] 이날 30년이 지난 외교문서를 공개하도록 한 규칙에 따라 외교통상부가 이 외교문서를 포함하여 1980년도 전후에 만든 외교문서 1,300여 건을 공개했다. 그런데 이 외교문서에서 1980년 5월 18일 광주에서 민주화 운동이 일어나자 미국이 한국에 공중조기경보통제기를 증파하는 등 북한의 도발을 경계했고 에드먼드 머스키 당시 미 국무장관이 주미 차이 중국대사를 불러 "북한이 한국 내 정세를 오판해 모험을 하지 않도록 중국이 영향력을 행사해 줄 것"을 요청을 한 사실이 드러났다.

    그런데 이것은 새로운 사실이 아니다. 이것은 이미 1996년 1월 이도형이라는 분이 세상에 공개하여 알려진 사실의 일부분이다.[2] 그는 1980년 5월 현재 조선일보 특파원으로 동경에 주재하고 있었다. 1980년 5월 17일 이도형 기자가 아침 6시쯤 동경T신문의 S기자로부터 걸려온

---

[1] 「미국, 5·18 당시 중국에 북한 도발 억제 요청」, 『YTN』 2011년 2월 21일.
[2] 이도형, 「1980년 5월 光州(광주), 海州(해주) 그리고 平壤(평양)」, 『한국논단』 1996년 1월, 26~40쪽.

전화를 받았다. "……혹시 미 7함대가 한반도 근해로 긴급출동했다는 소식 못 들으셨는지요?"

이도형 특파원이 평소에 잘 알고 지내는 방위청 Y장군의 도움으로 일본 방위청 통합참모회의 ○○부장실에서 Y장군이 호출한 해군보좌관으로부터 상세한 브리핑을 받았다. "요코스카의 미 7함대 사령부 작전처 ○○대령에 따르면 항모 미드웨이와 기함 블루릿지 등이 특수임무부대(Task Force)를 편성, 17일 04시 요코스카를 출항했다고 합니다. 이 태스크 포스는 이날 중 사세보 항에 있는 또 하나의 특수부대와 합류, 일본해(동해)를 북북서로 항진航進할 예정이라고 합니다."

Y장군이 물었다. "특수임무부대의 출동목적은 무엇이라고 하던가?"
"네, 말씀드리겠습니다. 정보에 따르면 북위 38도, 동경 126도(해주) 부근에 병력 10만이 집결해 있으며 지원포와 탱크 등의 배치상태로 미루어 대남공격이 임박했음을 징표하는 것이라 합니다. 미 7함대의 출동은 이와 관련이 있어 보입니다만 함대사령부 측은 곧 우리 통합막료회의에 정식 통보할 것이라고 합니다."

이도형 당시『조선일보』동경특파원은 이러한 사실을 즉각 본사에 타전했고 특종을 기대했으나 검열을 통과하지 못해 보도되지 않았다고 한다. 당시 이한빈 경제부총리를 포함한 경제 각료들이 이 사건이 보도되면 수출과 경제활동이 크게 위축될 것을 우려하여 반대했다고 한다. 1980년 5월 중순에 발생한 이 긴박한 상황이 30년이 지난 2011년 2월 21일 공개된 외교문서를 통해 부분적으로나마 세상에 알려지게 된 것이다.

2009년 9월 자유북한군인연합이라는 단체의 대표 임천용이 1980년 5월에 북한군 특수부대의 일부 병력이 잠수정으로 전라남도 지역에 침투했고 1980년 5월 18일 광주에서 발생한 사건은 순수한 민주화 운동이 아니라 이들과 고정간첩이 합세하여 일으킨 반란이라고 주장했다.[3] 1980년 5월 광주에서 무고한 시민을 총으로 쏜 범인도 임산부의 배를 갈라 태아를 꺼내고 전기톱으로 여자시체를 토막 낸 범인도 북한군 특수부대 군인들이라는 것이다. 전남지역에 산재한 44개 무기고의 위치를 파악하여 효과적으로 털어낸 것도 교도소를 습격한 것도 모두 북한군 특수부대 군인들이 한 짓이라는 것이다. 그들이 이런 짓을 저질러 놓고 광주에 투입된 진압군에게 책임을 뒤집어씌워버렸다는 것이다. 임천용의 이러한 주장 때문에 한국사회가 한동안 공황상태에 빠졌다.

포병대령으로 예편하고 미국에서 수학박사학위를 받은 지만원 박사가 그의 저서에서 자유북한군인연합의 주장을 뒷받침했다.[4] 그는 법정에서 증거자격이 인정되는 공신력 있는 수사기록과 통일원의 북한정세 분석자료와 정부가 보관하고 있는 북한 노동당 발간 자료들을 분석하여 탈북자들의 증언이 대부분 사실에 부합한다는 결론에 도달했다. 특히 "광주사태 전반에 걸쳐 발생한 전체 총상 사망자의 69%가

---

[3] 임천용, 『화려한 사기극의 실체" 5・18: 탈북자들이 증언하는 5・18 광주사태의 진실!!!』, 자유북한군인연합, 2009.

[4] 지만원, 『솔로몬 앞에 선 5・18』, 시스템, 2010.

무기고 총들에 의해 사망했다는 사실, 5월 21일에 발생한 대부분의 사망자(61명 중 49명)가 계엄군이 있었던 도청, 전남대, 교도소 이외의 지역 및 불상지역에서 사망했다는 사실은 광주 시민에게 무거운 짐을 안겨주고 있다."[5] 북한에서 나온 다양한 책들이 북한 특수군이 전남지역에 산재한 44개 무기고의 위치를 파악하고 털었다고 이실직고 했다.[6] "대한민국 국적이 아닌 시체 12구가 아직도 광주 5·18묘지에 묻혀 있다."[7] 지만원 박사가 계엄사 기록과 북한에서 발간한 책자와 자유북한군인연합의 증언을 비교분석하여 1980년 5월 광주에 북한군 특수부대가 와서 상황실을 운영했고 지휘통제를 했고 5·18을 기획하고 연출한 사실을 찾아냈다.[8] 그는 또 5·18을 확대재생산한 4대 유언비어의 발상지도 북한이고 유명한 흑색선전물 "찢어진 깃발"도 북한이 유포한 사실을 찾았다.[9]

1980년 신군부가 5·18을 수습하고 제5공화국이 들어섰으나 아직 국정을 제대로 운영할 만한 철학과 능력을 가진 인력을 충분히 확보하지 못하고 있었다. 그때 신군부가 국회 전문위원으로 있던 남편의 서울대학교 문리과대학 정치학과 동창이며 절친한 친구 모씨에게 도움을 청했다. 그러자 그분께서 마포에 있는 모 호텔로 남편을 불러내 식사를 하면서 조언을 달라고 하셨다.

---

[5] 위의 책, 111쪽.
[6] 위의 책, 124~131쪽.
[7] 위의 책, 131쪽.
[8] 위의 책, 133~169쪽.
[9] 위의 책, 169~177쪽.

남편은 그분께 신군부를 도와주어야 더 큰 혼란을 막을 수 있고 이번 기회에 나라의 기틀을 제대로 잡을 수도 있으니 힘껏 도와주라고 했다. 며칠 후 1980년 9월 초 그분께서 대통령 수석비서관으로 청와대에 들어갔다는 보도가 나왔다.[10] 남편은 그분께 제5공화국 참여를 권유한 마당에 그분의 부탁을 거절할 명분이 없었고 1980년 10월 국가보위입법회의 의원을 하게 되었다.[11] 남편은 국가보위입법회의에서 정치·외교·국방 분과위원회 소속이었고 정치쇄신위원회의 위원으로 활동했다.

그때 남편 때문에 한국정치사에서 보기 드문 일이 벌어졌다. 제5공화국이 들어선 이후 처음 치른 총선에서 정당들이 기호를 통일하지 못하고 선거를 치른 것이다. 남편이 소속된 국보위 분과위 위원장 이종찬 씨가 주장하기를 민정당이 제일 먼저 정치쇄신위원회의 심사를 통과하여 창당을 했으니까 기호 1번을 가져야 한다는 것이었다. 남편이 다른 당은 심사가 끝나지 않았는데 민정당이 먼저 창당했다고 해서 1번을 받을 수는 없다며 반대하자 그분께서 한발 물러섰다. 그래서 그해 국회의원 총선거에서 각 도별로 정당들이 기호를 추첨해서 선거를 치렀다.

1980년 제5공화국이 들어서자 연세대 철학과 이규호 교수가 교육부 장관이 되었고 이분께서 1980년 11월 남편을 유네스코(UNESCO) 한국위

---

[10] 『경향신문』 1980년 9월 3일.
[11] 『동아일보』 1980년 10월 27일.

원회 사무총장으로 발탁했다.[12] 남편은 서울대학교에 재직하면서 유네스코 사무총장을 겸직했으나 학교 강의는 단 한 번도 빠지지 않았다. 남편은 그런 면에서 고지식했으나 나는 남편의 그런 면이 마음에 들었고 늘 자랑스러웠다.

남편이 연세대 철학과 이규호 교수를 처음 알게 된 것은 카터 대통령이 박정희 대통령의 유신정부를 압박하던 시절 한 시국강연장이었다. 그때 남편은 이규호 교수와 함께 팀을 이루어 고려대학교 학도호국단이 주최하는 학술대회에 연사로 나가 한국정부의 입장을 설명했다. 그 후에도 여러 차례 두 사람이 한 팀이 되어 시국강연을 하러 다니면서 상호간에 신뢰가 형성되었던 것 같았다.

1980년대 파리에 있는 유네스코 본부의 로비 중심부는 유네스코 북한위원회가 5·18의 실상을 악의적으로 왜곡하고 과장하는 선전장이었다. 그때 세계적으로 소위 제3세계론이라는 것이 기승를 부렸는데 이것은 소련이 미국을 압박하기 위해서 인도 등 제3세계 국가들을 내세워 주장한 허구적 이론이다. 그런데 그때에는 이것이 크게 유행했다. 이 제3세계론을 타고 북한, 소련, 중국 등의 유네스코 위원회들이 5·18의 진상을 악의적으로 왜곡하고 과장하여 국제사회에 반한감정을 부추기는 일이 잦았다.

남편이 유네스코 한국위원회 사무총장으로 있으면서 유네스코 파리

---

[12] 『경향신문』 1980년 11월 28일.

본부의 사무총장을 초청했고 한국에서는 최초로 국내 문화재들을 유네스코가 지정하는 세계 문화재로 등록시키는 작업을 시작했다.[13] 전두환 대통령의 명의로 세네갈 출신의 음보(Umbo) 유네스코 사무총장을 국빈으로 초청해서 그와 함께 경주로 가서 문화재를 관람케 했고 기획된 업무를 예정대로 착착 진행시켰다. 그로부터 8년 후 한국에서는 최초로 경주 불국사의 석굴암, 해인사의 8만대장경, 그리고 서울의 종묘 등이 유네스코가 지정하는 문화재로 등록되는 쾌거가 이뤄졌다.

그때 유네스코의 음보 사무총장이 제3세계에 미치는 영향력은 엄청났다. 파리에 있는 프랑스한국대사가 음보를 만나려면 유네스코 한국위원회가 주선을 해야 가능했다. 당시 미국은 유네스코에서 왕따를 당하고 있었다. 유네스코 파리본부의 교육부장은 소련인이었고 부국장은 미국인 그리고 과장은 폴란드인이었다. 그때부터 미국은 유네스코 분담금을 내지 않았는데 오바마 대통령 취임 이후에 그 문제가 해결되었다.

남편은 유네스코 한국위원회 사무총장 시절 미 국무부 초청으로 미국 워싱턴 D.C에 가서 국무부의 국장과 과장들에게 유네스코 한국위원회의 제도적 구성과 자율성을 설명했다. 유네스코 한국위원회는 교육부 직원이 아닌 사람이 사무총장을 했고 사무총장이 여유 있는 예산을 독자적으로 집행할 수 있는 제도적 장치를 갖고 있었다. 그래서

---

[13] 「유네스코 사무총장 아마두 마타르 음보씨 總長으론 첫 訪韓······"눈부신 활동에 감명"」, 『경향신문』 1982년 3월 18일 ; 「잠깐 5분 인터뷰: 음보 유네스코 사무총장」, 『동아일보』 1982년 3월 19일.

남편이 앞에서 소개한 일들을 추진할 수 있었다. 남편이 미 국무부에서 유네스코 한국 위원회의 자율성을 보장하는 특수한 제도와 조직을 상세하게 소개하자 인도와 태국 등이 유네스코 한국위원회의 제도와 조직을 도입하려고 시도했으나 모두 실패했다.

남편이 유네스코 한국위원회 사무총장 4년 임기를 마치고 쉬고 있는데 청와대 비서실장으로 자리를 옮긴 이규호 씨가 전두환 대통령에게 남편을 서울대학교 총장 후보로 추천했고, 남편이 1985년 7월 22일 서울대학교 총장으로 임명되었다.[14] 그때 이미 서울대학교 모 교수가 서울대학교 총장으로 추천된 상태였다.

남편이 남보다 잘 할 수 있는 것은 공부밖에 없다. 남편은 서울대학교 총장이 되려고 무슨 운동이나 작용을 한 사실이 전혀 없다. 내 남편은 그런 일을 할 만한 위인이 되지 못한다. 남편은 서울대학교 총장이 되기 전에 학내보직을 맡아본 적이 전혀 없었다. 남편이 서울대학교 총장이 된 것은 전적으로 돌아가신 이규호 당시 청와대 비서실장의 강력하고 유효한 추천에 의한 것이었다.

남편은 2년여 동안 서울대학교 총장에 재직하면서 경제학과 P○○ 교수를 기획실장으로 모셨고 이 분을 중심으로 서울대 역사상 처음으로 '장기발전계획'을 만들었고 거액의 발전기금을 모으기 시작했다. 지금도 남편은 후임 총장들로부터 발전기금을 만들어주셔서 고맙다는

---

[14] 「서울大學校 總長 朴奉植 교수 임명」, 『매일경제신문』 1985년 7월 22일.

인사를 받고 있다. 그때 남편이 만든 서울대장기발전계획은 교수사회 전체의 지혜와 중론을 집대성한 것이었다. 이 계획이 이십여 년이 흐른 후 이장무 총장 시대에 와서 서울대학교 법인화라는 발전적인 결과를 보게 되었다.

남편이 재직하는 동안 학원폭력사태가 이어졌고 결국 박종철 군 고문치사사건의 책임을 지고 사표를 냈다. 그러자 뜻밖에도 남편에게 그토록 비판적이었던 『동아일보』가 남편의 용단과 업적을 긍정적으로 평가하는 사설을 실었다.[15] 1987년 8월 8일자 『동아일보』 사설을 발췌하여 소개하는 것으로 이 장을 마무리 짓는다.

"학원사태의 진원지라고 할 서울대에서 총장이 사표를 내고 장기발전계획을 내놓는 등 새로운 변모를 시도하는 움직임을 보이고 있어 지금 각 대학에서 일고 있는 학원자율화의 물결을 실감케 한다. 박봉식 총장은 사표이유를 각계에서 추진 중인 민주화와 함께 학내 민주주의는 새 총장에 의해 펴 나가는 게 바람직하다고 생각한 때문이라고 밝혔다. 그의 재임 중 야기된 각종 학원사태를 푸는데 당사자 간의 불필요한 마찰은 피하는 것이 좋고 새로운 발전구상을 펴나가는데도 새 사람이 유리하다는 대국적인 판단이라고 생각되어 그의 용퇴는 시의를 잡은 것이라 할 수 있다."

"[대학원중심대학]이라는 서울대장기발전계획에도 신입생선발권자율화,

---

[15] 「社說: 서울大의 장기발전계획」, 『동아일보』 1987년 8월 8일.

교수평의회의 활성화, 학생자치활동보장 등 광범위한 학원자율화의 내용이 포함되어 있어 그동안 학교운영이나 학사행정에서 사사건건 통제를 받아온 정치권력의 굴레에서 벗어나려는 서울대 나름의 강한 의지를 담고 있다. 그리고 이 계획은 학원사태의 우이牛耳를 잡아온 서울대인 만큼 다른 국공립대학이나 사립대에 미칠 영향이 매우 클 것이라고 예상되기도 한다."

"이 계획안의 골간이라 할 대학원중심대학의 구상은 그동안 나열식으로 방만하게 벌여놓았던 학교의 조직을 재정비하여 효율의 극대화를 기하기 위한 통합조정을 목표로 하고 있다. 학생 수 등 대학 인원을 점차 줄여나가고 대학원 인원을 확대하여 15년 후엔 현재의 대학생 대 대학원생 비율 2.7대 1을 1.8대 1로 조정하고 교수도 해마다 40명씩 뽑아 학생과의 비율을 1대 20에서 1대 12로 낮추자는 것이다. 이 밖에 의대, 치의대의 수학연한을 8년으로, 수의대 법대를 6년과 5년으로 하는 학제개편을 시도한 것도 눈에 띈다."

"요컨대 이 계획의 궁극적인 목표는 서울大를 학문이나 교육수준에서 최소한 미국의 상위권대학정도로 끌어올리자는 데에 교수 대학인이 앞장서자는 것이다. 그래서 15년 후엔 50%의 학문분야에서 미국과 맞먹는 연구 실적을 내고 박사 및 학사인력도 그들과 비슷하게 배출할 수 있다는 것이다. 오늘날 우리대학은 선진국에 비해 크게 떨어져 교수인력이나 국가적 고급두뇌확보를 외국유학자들 중에서 찾는 형편이다. 이제 우리도 국가적 차원의 인재나 고급두뇌를 국내대학에서 교육할 필요가 있으며 이를 서울대가 떠맡겠다는 게 이번 계획의 의

지라 할 수 있다."

"물론 이 계획안은 4백여 명의 서울大 교수들이 모여 확정한 시안試案에 불과하지만 서울대의 오랜 숙망宿望의 결정結晶으로 만 2년간 80여 명의 인력이 동원되어 83편의 보고서를 모아 결집한 순수한 서울대의 자율적인 지혜의 결집이라는 데 그 가치가 있다. 그리고 이 안은 학원자율화와 교육민주화의 큰 물결 속에서 대학인 스스로가 창출한 청사진인 만큼 많은 대학에 직접적인 영향을 줄 것이라는 데도 큰 의미가 있는 것이다."

14. 20여 년 만에 만난 지학순 주교님께서 지어주신 아버지의 본명 돈보스코

1974년 넓은 마당이 있는 연세대 북문 근처 연희동으로 이사한 후에도 아버지께서 자주 오셨다. 한참 후 가수 서태지가 그 동네로 이사 왔다. 아버지께서는 어머니와 사별하신 후 평생 불행했다. 그런데 연희동 집 마당에 꽃을 가꾸시면서 아주 오래간만에 행복해지신 것 같았다. 우리가 연희동에 살 때에는 아버지 덕분에 늦여름부터 가을까지 마당에 만발한 수국, 달리아, 모란, 작약, 옥잠화, 그리고 형형색색의 국화를 감상할 수 있었다. 특히 아버지께서 길러내시는 국화는 작은 수박만큼이나 컸다. 매년 가을이면 나중에 서울대학교 사범대학 학장을 지낸 이돈희 교수의 부인이 연희동 집으로 꽃구경을 하러 왔다. 이돈희 교수는 나와 동향이고 부인은 나의 동래여고 후배. 아버지께서 남편의 서재에 항상 싱싱한 꽃이 있는 화분이나 꽃병을 두었다.

1980년 봄 장남이 서울대학교에 입학할 무렵부터 종교를 하나 정해야겠다는 생각이 들었다. 처음에는 철저한 불교신자였던 할머니가 생각나서 절에 갔다. 사천왕상과 일주문을 지나는 것이 무섭고 싫었다.

어려서 어머니를 잃은 탓에 죽음에 대한 공포와 거부감이 컸다. 무시무시한 조각상과 그림을 보는 것이 싫었다.

그 이듬해 초부터는 개신교 신자였던 어머니 생각에 동네에 있는 교회에 열심히 나갔다. 몇 년 동안 성경공부도 열심히 했고 새벽기도도 매일 했다. 그 교회에서 재정집사도 했다. 테니스를 하다가 다친 발목에 물이 차올랐는데도 구역장을 하면 낫는다는 목사님의 강권에 못 이겨 구역장을 맡았다. 실제로 구역장을 하면서 발목이 말끔하게 나았다. 그런데 개신교는 체질에 맞지 않았고 아버지도 그러셨다. 한번은 그 교회 성령세미나에 아버지와 함께 참석했는데 내가 화장실 갔다 온 사이에 아버지께서 사라지셨다.

1985년 초 옛날 동래 거제동의 대법사에서 동래여고 다닐 때 수녀가 되려고 했던 기억이 떠올랐고 이십여 년 전 부산 초장동 성당에 금봉 고모님을 만나러 갔다가 인사를 드린 지학순 주교님이 보고 싶었다. 연희동 성당에 가서 교리반 가입신청을 하고 바로 원주 주교관으로 지학순 주교님을 찾아갔다. 주교님께서 기억을 더듬으셨다. 그리고 나를 물끄러미 쳐다보시면서 말씀하셨다. "시간이 많이 걸렸구나." 주교님의 입에 엷은 미소가 있었다.

그런데 그만 천주교 교리 교육을 받지 못하게 되었다. 1985년 7월 남편이 서울대학교 총장으로 임명되어 서울대총장 공관이 있는 봉천동으로 이사를 하게 되었기 때문에 그런 것은 아니었다. 교리는 봉천동 성당에서도 받을 수 있었다. 서울대총장 공관으로 들어가자마자

14. 20년여 만에 만난 지학순 주교님께서 지어주신 아버지의 본명 돈보스코

병마가 들이닥쳤다. 그로부터 1년 동안 서울대병원에서 당대 최고 명의들로부터 전신마취를 요하는 수술을 여러 번 받았다. 나중에는 마취과 의사가 마취를 꺼렸다. 더는 견뎌낼 자신이 없었다. 나도 어머니처럼 아이들 혼인도 못 시키고 죽을 것 같았다. 투병하면서 계속 똑같은 기도를 반복했다. "하느님, 지금 저를 부르지 마세요. 저 지금 못 갑니다. 아이들 혼인만 시키고 나면 언제든 부르시면 따르겠습니다. 지금은 안 됩니다." 어머니 없이 자라 결혼한다는 것은 기막힌 일이었다. 열두 살짜리 딸을 두고 떠나시는 어머니께서 내 혼수를 준비하실 때 가지셨을 심정을 이해할 것 같았다. 영원히 보지 못할 딸과 아들의 속옷과 치마와 바지를 만드실 때 어머니 심정을 이해할 것 같았다.

1986년 초여름 퇴원하자마자 봉천동성당에서 교리를 받았고 영세도 받았다. 영세를 받을 때가 되었을 무렵에 지학순 주교님께 본명을 지어달라고 부탁을 드렸더니 마리아라는 본명을 주셨다. "주교님. 마리아는 너무 흔해서 싫습니다. 다른 걸로 주세요." 주교님께서 대답하셨다. "아니야. 생일로 보나 무엇으로 보나 너는 틀림없는 마리아야."

그해 여름 영세를 받자마자 철저한 무신론자이신 아버지께 아주 조심스럽게 천주교 교리를 받으시라고 권했다. 그런데 선뜻 아버지께서 그러겠다고 하셨다. 뜻밖이었으나 천만 다행이라는 생각이 들었고 고마웠다. 아버지께서 화곡동 동생 집에서 봉천동성당까지 아무리 큰 비가 와도 단 하루도 빠지지 않고 교리를 받으러 다니셨다. 1986년 가을 내가 견진을 받을 때 아버지께서 영세를 받으셨다.

주교님께 아버지의 본명도 지어달라고 청했다. 주교님은 아버지의 생신과 다른 것들을 전부 고려하시더니 아버지에게 돈보스코(Don Bosco)라는 본명을 지어주셨다. 그때까지 주교님께서는 아버지를 만나신 적이 없었고 아버지를 모르셨다. 돈보스코 성인은 이태리가 산업화를 한창 진행하던 1815년 8월에 태어나서 기숙사와 공민학교를 지어 가난한 청소년들을 구제하고 교육한 사제다. 해방 직후 양산에서 아버지께서 고등공민학교를 운영하면서 가난한 청소년을 교육하신 일이 생각났다.

영세를 받은 후 지학순 주교님을 만나러 원주에 자주 갔다. 주교님과 데레사 수녀와 함께 베론성지에도 자주 갔다. 데레사 수녀는 엄마처럼 언니처럼 잘 대해주라면서 주교님께서 소개해주신 나와 같은 성씨를 쓰는 모 수녀회 소속 수녀다. 데레사 수녀는 서울대학교 의과대학에서 위탁교육을 받은 대단한 호스피스 전문가인데 그가 주사를 놓으면 주사 맞는 사람이 바늘이 드나드는 것을 느끼지 못할 정도로 주사를 잘 놓는다. 데레사 수녀와는 자주 연락하고 왕래하고 있다. 제 작년 여름에 데레사 수녀가 미리내 우리 집에 와서 며칠 쉬어 갔다.

아버지께서도 지학순 주교님과 친해지셨다. 언젠가 두 분이 도고온천에 다녀오셨는데 굉장히 많은 이야기와 깊은 친교를 나누신 것 같았다. 주교님께서 거제 포로수용소에서 군종사제로 복무하신 사실을 아버지로부터 처음 전해 들었다. 원주 주교관에서 아버지께서 살구나무를 흔들고 데레사 수녀가 치마폭으로 떨어지는 살구를 받았다. 그때 잠시나마 어린아이처럼 행복했다. 남편도 비록 천주교 신자는 아니었으나 내가 원주로 주교님을 뵈러 갈 때 자주 함께 갔다. 주교님께서 남편이 영세받기를 간절히 원하셨는데 그전에 교리를 철저히 시키라고 신신당부를 하셨다. 아직도 남편은 신자가 아니다.

데레사 수녀와 주교님과 함께 주교님 차를 타고 주교관에서 베론 성지로 가는 도중에 신자들이 주교님 차를 향해 걸음을 멈추고 인사를 했다. "이러니 내가 차를 타고 갈 수 있나. 우리 내려서 걷자." 주교님께서 걸으시며 수수께끼를 내셨다. "봄이 되면 남쪽 개구리가 먼저 나올까 북쪽 개구리가 먼저 나올까?" 내가 말했다. "아무래도 남쪽이 더 따뜻하니까 남쪽 개구리가 먼저 나오겠지요." 주교님께서 물었다. "마리아는 그런 생각이고 그럼 데레사 수녀는?" 데레사 수녀가 대답을 하지 않자 주교님께서 말씀하셨다. "북쪽 개구리가 먼저 나온다. 북쪽 개구리는 남쪽을 향해 앉아 있다가 봄이 오는 걸 먼저 알고 먼저 나온다." 나와 데레사 수녀는 깔깔대고 웃었다. 베론성지로 걸어 들어가니 나환자들이 잔디밭에서 풀을 뽑고 있었다. 주교님께서 그분들과 일일이 인사를 나누시며 들어가셨다. 그날따라 주교님께서 선구자 노래를 흥얼거리셨고 아주 유쾌한 하루를 보내셨다. 그런데 그날 이후로는 주교님의 그런 모습을 볼 수 없었다. 당뇨병과 기나긴 투병생활을 하고 계셨다.

그리고 얼마 후 원주 주교관으로 가니까 투병 중이신 주교님께서 내게 주시려고 어디선가 공작비둘기 한 쌍을 얻어 오셨다. 그것을 봉천동 서울대 총장공관에 가져왔고 학교 목공소에 부탁해서 집을 지어 거기에 넣어두었다. 그런데 다음날 아침에 보니까 없어졌다. 기다려도 오지 않았다. "큰일 났다. 주교님께 뭐라고 하지. 비둘기 잘 있느냐고 물으시면 어떻게 하지?" 원주에 전화를 해서 이실직고를 했다. 주교님께서 말씀하셨다. "마리아, 비둘기들이 다 여기로 돌아왔대." 내가 여쭈었다. "어떻게 차를 타고 왔는데 원주로 돌아갔단 말씀이세요?" "틀림없어. 우리 수녀가 모이를 주면서 세어봤는데 틀림없이 돌아왔대. 그러니까 걱정하지 마." 며칠 후 주교님께서 전화를 주셨다. "오늘 오전 11시에 시간 어기지 말고 명동성당으로 와." 달려갔더니 주교님께서 자동차 트렁크를 열고 공작비둘기 두 마리를 내어 주셨다. "이거 빨리 가지고 가."

1991년 이른 봄 어느 날 원주 주교관으로 가니까 주교님께서 말씀하셨다. "마리아, 대부도에 좀 다녀와야겠다." 대부도라면 섬인 것 같은데 도대체 어디에 있는 섬인지 몰랐다. 주교님 분부시니 가야겠는데 도대체 왜 거길 가야 하는지 여쭈었다. "데레사 수녀가 거기로 발령을 받아서 갔는데 어떻게 하고 있는지 좀 가봐라." 둘째 아들이 운전하는 차를 타고 대부도로 찾아갔다. 바닷가에서 자연석을 주우면서 데레사 수녀가 나오기를 기다렸다. 그곳은 연세가 많은 수녀님들이 쉬는 곳이었다. "언니! 어쩐 일로 여기에 오셨어요?" "주교님께서 데레사 수녀 잘 있나 보고 오라고 하셔서 왔다." "응, 내가 너무 속상해서 주교님께 저 수도생활 그만두겠다고 편지를 했더니 걱정하셨나봐." 데레사 수녀가 털어놓는 하소연을 다 들었다. 수녀원에는 천사들만 사는 줄 알았는데 거기도 결국 사람이 모여 사는 곳이었다. 주교님께 대부도 다녀왔다고 보고를 드렸더니 이렇게 말씀하셨다. "마리아, 데레사 수녀를 부탁해. 평생 동생으로 지내고 수도생활 무사히 마치도록 도와주어야 해. 마리아에게 당부한다." 주교님은 그 후에도 똑같은 말씀을 여러 번

14. 20년여 만에 만난 지학순 주교님께서 지어주신 아버지의 본명 돈보스코

하셨다. 지금도 데레사 수녀와 언니 동생으로 지내고 있고 영원히 그럴 것이다.

1991년 10월 중순 아버지께서 이복동생들에게 연희동에 모이라고 하셨고 10월 2일 연희동 집 응접실에서 젊은 정치학자와 녹음기를 앞에 놓고 오랫동안 인터뷰를 하셨다. 만일 2개월 후에 나온 그 학자의 석사학위논문에 아버지의 증언이 수록되지 않았더라면 아마 이 책이 세상에 나오지 못했을 것이다. 10월 중순 그날에 이복동생들이 다 모이지는 않았다. 아버지께서 그날 나를 따로 불러 말씀하셨다. "네가 이복동생들을 다 끌어안아라. 새 어머니가 너와 유룡에게 한 짓을 내가 다 알고 있다." 잠시 아버지께서 생각에 잠기셨다. "자기 아버지를 조금만 닮았었더라면…… 그렇게 독한 사람은 아니다. 새 어머니를 용서해라. 내가 당부한다. 새 어머니를 용서하고 이복동생들을 모두 끌어안아라."

두 달 후 1991년 12월 22일 새벽 아버지께서 돌아가셨다. 그때 나는 무슨 행사 때문에 남편과 함께 양산에 내려가 있었다. 마침 그때 겨울 방학에는 잘 귀국하지 않는 장남이 와 있었다. 아버지께서 돌아가시기 바로 전날 낮에 연희동으로 오셨다가 오후에 화곡동 동생 집으로 가셨는데 그날 밤 다시 오셨다. 장남이 아버지 얼굴이 완전히 흑색인 것을 보고 내게 전화를 해서 아버지께서 상태가 굉장히 나쁘다며 빨리 올라오라고 했다. 다음 날 새벽 서울로 가는 도중인데 장남이 전화를 해서 아버지께서 위독하다고 했다. 장남에게 데레사 수녀 전화번호를 주고 그리로 전화를 하라고 했다. 남편은 절친한 친구인 서울대병원 부원장님께 전화해서 적절한 조치를 부탁했다. 그날이 마침 일요일이었다. 데레사 수녀가 연희동 성당에 가서 주일미사를 준비하시던 본당신부님을 모시고 연희동 집으로 가서 아버지께 종부성사를 드렸다. 아버지께서 연희동 성당의 노인대학에 다니셨기 때문에 연희동 성당 본당신부님께서도 아버지를 알고 계셨다.

아버지를 위한 종부성사를 마칠 무렵 서울대병원 부원장님께서 부인과 함께 연희동 집에 도착했다. 서울대병원 구급차가 독립문 근처를 지날 무렵에 아버지께서 숨을 거두셔서 부원장님께서 아버지 시신을 바로 서울대병원 영안실로 모셨다. 그날 마침 서울대병원 노조가 파업을 해서 구급차가 움직일 수 없었는데 전 총장 댁의 위급한 상황이라고 하니까 파업에 참여한 기사 한 분이 구급차를 운전해서 도와주셨다. 서울대병원 영안실로 가서 숨을 거두신 아버지를 뵈었다. 얼굴이 깨끗했고 노란색 참외처럼 작고 예뻤다. 마치 깊은 잠에 빠진 어린아이처럼 표정이 밝았고 너무나 편안했다. 도무지 아버지께서 돌아가셨다는 사실이 실감나지 않았다. 슬프다는 생각도 별로 들지 않았다.

그날 오후 연희동 집에 돌아와서 아버지께서 돌아가시기 직전의 상황을 장남과 데레사 수녀에게 들었다. 장남이 그날 새벽 아버지께서 화장실에 다녀오시는 소리를 들었고 매일 하는 것처럼 조간신문을 주워 아버지께 드리려고 방문을 두드렸다. 인기척이 전혀 없고 불안한 생각에 문을 벌컥 열었더니 아버지가 위독한 상태였다. 너무 다급해서 서울을 향해 가고 있던 내게 또 전화를 했고 내가 준 전화번호로 공덕동에 있는 데레사 수녀에게도 전화를 했다. 그때 데레사 수녀는

14. 20년여 만에 만난 지학순 주교님께서 지어주신 아버지의 본명 돈보스코

꿈을 꾸고 있었다. 천사가 연희동 집 마당에서 아버지께서 주무시는 방 쪽으로 가려고 샛문을 만지작거리고 있었다. 데레사 수녀가 소리를 질렀다. "아니, 여보세요! 거기가 어딘데 함부로 들어갑니까!" 바로 그때 터진 전화벨 소리에 깨어났다.

아버지의 장례미사를 1991년 12월 24일 크리스마스 전날 연희동 성당에서 치렀다. 하루만 늦었어도 성당에서 장례를 치를 수 없었다. 성탄절에는 성당에서 장례미사를 보지 않는다. 장례미사를 집전하신 연희동성당의 본당신부께서 말씀하셨다. "마리아 씨, 고아 되셨어. 그래도 많이 울지 말고 조금만 우세요. 아버님 천국 가셨어요. 아버님 마지막 모습이 너무나 편안한 모습이었어요."

아버지 장례를 다 마치고 삼오 날 새벽에 꿈에서 아버지를 뵈었다. "어, 아버지!" 희한하게도 아버지께서 이마에 빨간색 보석을 세 개씩이나 달고 계셨다. 너무나 우스꽝스러워서 크게 웃으면서 물었다. "아버지, 남자가 무슨 보석이에요?" 아버지께서 그냥 나를 따라서 활짝 웃으셨다.

갈멜수녀원에 계시는 수녀님께 전화를 해서 꿈 이야기를 했더니 그분이 대뜸 이렇게 말했다. "아, 마리아님 축하해요. 직 천국이에요. 보석 세 개는 성부, 성자, 성령 삼위 하느님이십니다." 직 천국이란 천국에 곧바로 들어갔다는 뜻이다. 천주교에는 연옥(purgatory)이라는 개념이 있다. 연옥은 죽은 사람의 영혼이 천국에서 하느님을 만나기 전에 깨끗하게 정화하기 위해 머무르는 곳이다. 아버지께서 연옥을 거치지 않고 곧장 천국으로 들어가셨다는 것이다.

아버지의 장례를 치르고 며칠 후에 지학순 주교님의 비서수녀님(니콜라오)이 내게 전화를 해서 주교님께서 날 찾으신다고 했다. 무슨 일인가 걱정을 하면서 성모병원 주교님 병실에 들어갔다. 내가 들어가자마자 주교님께서 소리를 버럭 지르셨다. "마리아! 아버지께서 돌아가신 것을 내가 신문을 보고 알아야 해!" 비서 수녀님이 신문에 난 아버지의 부고를 읽어드린 모양이었다. 주교님께서 편찮으시고 계속 입원해 계시고 좋은 소식도 아니라서 전해드리지 않았는데 서운하셨던 모양이었다. 아버지와 주교님은 함께 온천에 갈 정도로 각별한 사이였다. 야단을 맞으면서 위안이 됐다. 아직도 저렇게 소리를 지르실 수 있으시니 오래 계실 것 같았다. 그 후 1년여 동안 주교님께서 위독하시다는 전갈을 여러 번 받고 달려갔으나 그때마다 회복하셨다.

1993년 3월 중순 어느 날 새벽녘이었다. 해가 완전히 뜨지 않아 아직 어둑어둑한 연희동 집 마당에 인기척이 있었다. 그때 2층에 있는 방에서 잠을 자고 있었다. 남편의 서재로 건너가서 마당 쪽으로 난 창문으로 내려다봤다. 흰색 추리닝을 입으신 주교님께서 마당 한쪽 끝에서 반대쪽 끝으로 종종 걸음으로 왕복운동을 하고 계셨다. 깜작 놀라서 소리를 질렀다. "주교님!" 주교님의 모습이 굉장히 생생했지만 꿈이었다. 바로 공덕동 데레사 수녀에게 전화를 했다. "데레사! 나 지금 꿈에서 주교님 봤다." 데레사 수녀가 말했다. "언니 저도 방금 전에 꿈에서 주교님 뵈었어요. 주교님이 자꾸 연희동 가자고 하셔서 바빠서 못 간다고 했더니 네가 나보다 더 바쁘냐? 이렇게 말씀하셨어요."

14. 20년여 만에 만난 지학순 주교님께서 지어주신 아버지의 본명 돈보스코

　다음날 오후 원주 주교관에서 살림을 담당하는 아네스 수녀가 전화로 지학순 주교님께서 위독하시다고 말했다. 하루 전에 이상한 꿈도 꿨고 해서 꼭 무슨 일이 일어날 것 같은 느낌이 들었다. 남편과 함께 급히 택시를 잡아타고 성모병원에 도착했는데 허둥대다가 그만 공덕동 성당에 들려서 데레사 수녀를 데리고 오는 것을 깜빡 잊어버렸다. 남편과 함께 택시를 돌려 공덕동으로 갔다. 남편과 데레사 수녀와 함께 성모병원 중환자실로 들어갔다. 주교님께서는 이미 말문을 닫으신 상태였다.

　남편이 지학순 주교님의 두 엄지발가락을 꼭꼭 주무르면서 아주 큰 소리로 말했다. "주교님, 저희들 또 왔습니다." 남편이 내게 말했다. "여보, 주교님께서 말씀은 못하셔도 듣기는 하시니 하고 싶은 말 있으면 다 해라." 내가 주교님 귀에 입을 바짝 대고 말씀드렸다. "주교님, 우리 천국에서 만나요. 주교님, 데레사 수녀는 제가 끝까지 보살피겠습니다." 주교님 귀로 눈물이 주르륵 흘러내렸다. "아, 정말 말씀은 못하셔도 들으실 수는 있구나." 신자도 아닌데 주교님을 헌신적으로 따르는 남편이 고마웠다.

　그날 저녁 주교님께서 운명하셨고 중환자실에서 일반병실로 옮겨졌다가 그날 밤에 원주로 떠나셨다. 주교님은 주교자성당에 모셔졌고 장례준비가 시작되었다. 장례식장은 인산인해였다. 주변 건물의 옥상까지 사람들이 구름같이 모여들었다. 남편과 데레사 수녀와 함께 베론성지에 가서 장례미사를 봤다.

15. 남편의 총선 출마배경과 황당한 봉변

1995년 10월 중순 민주당 소속 초선 박계동 국회의원이 국회 본회의 대정부질문에서 노태우 전 대통령의 비자금을 폭로했다.[1] 노태우 정권 당시 노태우 대통령을 중심으로 하는 측근, 재벌, 금융권 등이 유착하여 대규모의 정치자금을 형성한 사건이 터져서 사회여론이 비등했다. 그런데 이 와중에 중국을 방문하던 김대중 국민회의 총재가 자신도 노태우 전 대통령으로부터 20억 원을 받았다고 고백했다.[2]

그런데 김대중 총재의 고백 이후 국민여론이 이상하게 돌아서는 바람에 김영삼 대통령의 입지가 좁아졌다. 탄압받은 김대중이 20억 원을 받았으면 도대체 김영삼은 얼마나 많이 받았겠느냐면서 여론의 화살이 엉뚱하게 김영삼을 향했다.[3] 그때 이미 김영삼 대통령은 성수대교가 무너지고, 삼풍백화점이 내려앉고, 서해안에서 씨프린스호에서 좌초하여 벙커C유가 유출되는 등 끔찍한 대형 사고들이 연이어 일어나

---

[1] 『동아일보』 1995년 10월 23일 ; 『매일경제신문』 1995년 10월 30일.
[2] 「노씨 비자금 파문 대선 유입 공방 김대중씨 20억 고백 정국뇌관」, 『동아일보』 1995년 10월 28일.
[3] 지만원, 『솔로몬 앞에 선 5·18』, 시스템, 2010, 69쪽.

재수 없는 사람으로 치부되었고 지지율이 무너진 상태에 있었다.[4] 여기에 노태우 전 대통령으로부터 수천억 원의 불법 정치자금을 물려받았을 것이라는 국민적 의혹까지 받게 된 것이다.

1995년 12월 김영삼 대통령이 이 막다른 골목에서 벗어나기 위해 검찰에게 노태우 전 대통령과 전두환 전 대통령을 구속하라고 지시했다.[5] 국회와 판사들이 전두환과 노태우를 처벌하기 위해 헌법이 금지하는 소급입법을 하여 "5·18특별법"을 만들었고 공소시효 문제를 해결하기 위해서 12·12부터 5·18까지 6개월의 기간이 다단계 쿠데타 기간이었다는 논리를 만들었고 전두환과 노태우 두 전직 대통령을 상대로 해괴한 재판을 진행했다.[6] 1996년 8월 법원이 전두환 전 대통령에게는 사형, 노태우 전 대통령에게는 무기징역을 선고했다.[7] 남편이 참여한 제5공화국을 강제로 땅에 떨어뜨린 것이다.

이렇게 1995년 말에 시작된 역사왜곡이 남편이 1996년 4월 11일 15대 총선에 출마하게 된 배경이다. 남편은 그 이전에는 현실정치에 참여할 생각이 없었다. 남편은 제5공화국이 박정희 대통령의 서거로 인한 혼란을 수습하고 북한공산집단의 침략으로부터 국가를 수호했고 경제를 반석 위에 올려놓은 역사적 사실이 마구 뒤집혀지고 훼손되는 것을 수수방관할 수 없었다.

---

[4] 위의 책, 69쪽.
[5] 위의 책, 69쪽 ;「전두환씨 오늘 구속」,『경향신문』1995년 12월 3일.
[6] 위의 책, 69쪽.
[7]『매일경제신문』1996년 8월 6일.

1996년 초 선거 준비를 하려고 수십 년 만에 양산에 내려갔다. 통도사의 노천당 월하月下 스님에게 남편과 함께 인사를 하러 갔다. 3·4대 국회의원을 지낸 지영진 씨가 나의 백부이고 양산의 초대 교육감을 지내신 지영대 씨가 나의 아버지라고 나 자신을 소개했다. 월하 스님이 반색을 하고 나를 반겼고 이내 옛일을 회고하셨다. 먼저 대한도기 이야기가 나왔고 월하 스님이 젊었을 때 내 친정으로 심부름을 자주 간 일도 회상했다. 그때 백부가 대한도기를 불하받을 때 통도사의 유가증권을 빌린 사실도 알게 되었다. 월하 스님은 백부가 그 돈을 나중에 다 갚았다고 덧붙였다. 백부와 막내고모부께서 통도사의 살림을 많이 살아주신 이야기도 했다.

그때 친정에서 신세를 많이 진 사람이 나를 외면하는 것을 보고 서운했다. 양산성당 신도회 회장은 나를 반겨주었다. "마리아님, 지금도 옛날의 영대교가 그대로 남아 있습니다." 길에서 유권자들에게 인사를 하고 있는데 옛날 친정집에서 머슴살이하던 사람의 부인이 내게 다가왔다. "아가씨, 이게 무슨 일입니까? 아무 것도 아닌 사람들에게 표 달라고 몸을 굽히시니 민망합니다." 그분이 길에서 출근인사를 하는 나를 꼭 안아주었다. 그런데 양산에서 아파트단지를 건축해서 큰 부자가 된 최장주의 어머니는 내 선거를 돕지 않았다. 그는 오랫동안 친정에서 종살이를 했다. 할머니께서 그 사람 시집보낼 때 중부동에 있는 친정의 방앗간과 여러 마리의 소도 주셨다. 그 사람 시댁에 보내드린 거울이 작다고 돌아오자 할머니께서 훨씬 더 큰 거울을 사서 다시 보내주셨다. 최장주의 어머니는 끝내 우리 선거를 돕지 않았다.

15. 남편의 총선 출마배경과 황당한 봉변   203

　1996년 4월 양산에서 있었던 15대 총선은 총체적으로 잘못된 선거였다. 남편은 그 선거에서 당선의 뜻을 이루지는 못했으나 무소속으로 그리고 거의 무일푼으로 혼탁한 선거분위기로 유명한 양산에 출마하여 2만 2천 표 이상의 엄청난 지지를 받았다. 두 번에 걸친 합동연설회에서 집권당 후보는 남편에 대한 인신공격으로 일관했다. 남편이 정견발표를 하면서 인신공격의 내용을 조목조목 반박하고 선거공약을 내세우니까 집권당 후보와 당원들이 마이크 끄라고 아우성을 쳤고 썰물처럼 합동연설회장에서 빠져나갔다. 경찰 정보과의 판세분석에서는 남편이 근소한 차이로 수위를 달리고 있었다. 예상대로 선거막판에 무차별적인 금품공세가 쏟아졌다. 판세가 불리한 세력이 매표행위를 하려고 수십 억 원을 쏟아 부었다는 소문이 공공연하게 나돌았다. 16대 총선에는 지역정서와 무관한 자민련 후보로 출마하여 1만여 표를 받는 데 그쳤다.

　남편이 칠순 되던 해 2002년 12월부터 2004년 초까지 ○○대학교 총장으로 재직했다. 그 대학에 초대 총장으로 부임해서 학생모집에 심혈을 기울였고 남편의 인맥을 총동원하여 신입생 입학정원을 2년 연속 수능등급 2등급 이상으로 채워주었다. 그 대학은 남편에게 영원히 갚을 수 없는 큰 신세를 진 것이다.

　그런데 2003년 말 일면식도 없는 최○○라는 여자가 남편을 사기혐의로 형사 고소를 했다. 남편이 15대 총선에 무소속으로 출마했을 때 정○○라는 사람을 통해 사채업자 최○○에게 접근하여 그녀의 땅을 토지공사에 팔아주는 조건으로 1억 원을 받았는데 결국 그 땅을 팔아주지 않았다는 것이다. 남편이 15대 총선에 출마했을 때 정○○가 찾아와 최○○의 땅을 토지공사에 팔아달라는 부탁을 했다. 토지공사에 문의하니까 그 토지는 매입할 수 없는 물건이라는 회신이 왔다. 그래서 남편이 그 회신을 정○○에게 전달했었을 뿐 돈을 받은 사실이 없었다.

그런데 모 검사가 아무런 증거도 없이 2004년 초 굉장히 춥고 눈이 펑펑 내리는 어느 주말 72세의 남편을 구속해버렸다. 졸업과 입학 시즌에 도주와 증거인멸의 우려가 없는 72세 고령의 현직 대학총장을 구속한 것이다. 주말이라 영장실질심사도 받지 못했다. 그때 막내아들이 여자 사채업자 최○○가 남편을 구속한 검사의 사무실에 멋대로 드나드는 것을 보고 그들의 수상한 관계를 의심했다.

남편에게 영원히 갚을 수 없는 신세를 진 그 신설 대학교가 남편에게 배은망덕과 패륜悖逆을 저질렀다. 남편이 구속되자마자 15대 총선에서 양산에 출마한 X○○ 변호사가 ○○대학교의 대리인이라며 면회를 청했다. 15대 총선 때 총장님을 도왔어야 했는데 후회하고 있다는 등 남편의 신뢰를 얻으려고 감언이설을 늘어놓았다. 남편은 학교에서 보내준 사람인 줄 알고 X○○ 변호사를 선임했다. 그런데 그가 이상한 말을 했다. 남편이 총장으로 복직하려면 화가 단단히 난 이사장을 달래야 하는데 그러려면 사과의 표시로 사직서를 보여주어야 한다는 것이다. 그는 여러 번 면회를 해서 사직서를 이사장에게 보여주기만 하고 학교에 제출은 하지 않겠다면서 사표를 써달라고 졸랐다. 남편이 사과문을 쓰겠다고 하니까 사직서가 가장 강력한 사과문이라고 했다.

72세의 남편은 그때 몸과 정신이 완전히 소진된 상태였다. 안정을 찾기 위해서 X○○을 믿고 사직서를 써줄 수밖에 없었다. 남편은 무죄를 확신했고 무죄판결이 나오면 총장으로 복직할 생각이었다. 당연히 1심과 2심과 대법원에서 무죄판결이 나왔다. 그 형사소송은 변호사를 선임하지 않았어도 무죄판결이 나올 수밖에 없는 것이었다. 그런데 X○○ 변호사가 남편과의 약속을 어기고 사직서를 ○○대학교에 제출했고 ○○대학교는 남편을 해직했다.

남편이 김○○ 변호사를 선임해서 ○○대학교를 상대로 총장직 복직소송을 내니까 어처구니없게도 남편의 형사사건을 맡고 있던 X○○ 변호사가 ○○대학교의 소송대리인으로 나왔다. X○○ 변호사가 원고와 피고의 변호인, 즉 복대리가 되어버린 것이다. 그래서 내가 법정에서 강력하게 항의를 했다. 그런데도 판사는 이를 눈감아주었고 총장직 복직소송을 그대로 진행시켰다. 재판과정에서 X○○ 변호사와 ○○대학교의 위법한 기만행위가 낱낱이 드러났고 선고일이 다가왔는데 갑자기 판사가 음주운전사고를 내는 바람에 다른 판사로 바뀌게 되었다. 이 사건의 내용을 전혀 모르는 새 판사가 들어서자마자 남편의 패소를 선고했다. 그 음주운전사고에 고의성이 있었던 것 같았다.

우리나라가 경제성장을 지속하고 선진국이 되려면 반드시 고위공직자와 판검사와 변호사 그리고 언론의 비리를 수사하고 기소하는 관청을 만들어 제대로 운영해야 한다. 남편은 비록 부자는 아니지만 평범한 사람은 아니다. 그런데도 이렇게 기득권층의 패역悖逆에 시달린다면 도대체 서민은 어떻게 하란 말인가? 이렇게 법과 정의가 땅에 떨어진 나라에서 외국인직접투자(Foreign Direct Investment)가 일어나 경제성장을 지속할 수 있을까? 이천 년 전에 이스라엘이 패망하고 나라를 잃었을 때 지금 우리나라처럼 법이 땅에 떨어졌고 정의가 무너져버렸고 못된 자들이 착한 사람을 등쳐먹는 세상이 되었고 정의가 짓밟히는 세상이 되었다는 것을 명심해야 한다.[8]

---

[8] 구약성경 하바꾹 1: 4.

16. 미리내 천주교 성지에서

    지금 나는 안성 미리내 천주교 성지에 남편과 함께 은퇴해 있다. 천주교 신자라면 영세받기 전에 한 번은 이곳에 와봐야 한다. 안성에는 나의 기억을 새롭게 하는 것이 있다. 지금도 만세라는 단어를 사용하는 지명이 여러 개 있어 옛날 왜정 때 양산과 안성의 경찰서장이 유서를 써놓고 부임했다는 아버지의 말씀이 생각난다. 미리내 성지에 묻히신 김대건 신부님의 어머니의 본명이 우술라인데 오십여 년 전 내가 지학순 주교님을 만나게 해주신 금봉 고모님의 본명도 우술라다.

    내가 지금까지 살아남은 것은 오로지 하느님의 사랑과 보살핌 때문이다. 8개월 조산아로 태어난 내가 그 수많은 죽음의 고비를 넘기고 살아남은 것은 하느님께서 나를 품어 안으셨기 때문이다. "독수리가 보금자리를 흔들어 놓고 파닥거리며 떨어지는 새끼를 향해 날아 내려와 날개를 펼쳐 받아 올리고 그 죽지로 업어 나르듯이" 하느님께서 홀로 나를 인도하셨다.[1]

---

[1] 구약성경 신명기 32: 11-12.

돌이켜보건대 어머니께서 일찍 돌아가신 것은 하느님의 질투 때문인 것 같다. 사랑과 질투는 동전의 양면과 같다. 사랑이 없으면 질투도 없다. 하느님께서 인간을 사랑하셔서 "하느님의 형상대로 사람을 창조하셨다."[2] 그래서 하느님은 하느님이 아닌 우상을 섬기는 인간을 질투하신다. 하느님은 질투하시는 하느님(jealous God)이시다.[3] 모세가 이스라엘 사람들에게 "하느님 여호와는 오직 하나인 여호와시니 너는 마음을 다하고 성품을 다하고 힘을 다하여 네 하느님 여호와를 사랑하라"고 가르친 것은 하느님의 질투를 피하기 위해 최선을 다하라는 것이었다.[4]

그런데 육십여 년 전 그때 아버지와 나와 동생은 하느님의 질투를 피하려는 노력을 전혀 하지 않았다. 하느님께서 내 나이 열두 살에 어머니를 데려가신 것은 어머니께서 나와 아버지의 우상이셨기 때문이다. 어머니께서는 나와 내 아버지뿐만 아니라 양산 사람들의 우상이셨다. 돌이켜보건대 어머니와 아버지 그리고 나와 동생 사이에는 도무지 하느님이 끼어드실 만한 공간이 없었다. 하느님께서 어머니를 먼저 데려가신 것은 그때 이미 어머니께서 독실한 크리스천이셨고 하느님을 사랑하셨기 때문이다.

내가 살아온 세월은 올려다본 자수刺繡처럼 어지럽지만 분명히 지금은 알 수 없는 하느님의 생각과 계획이 숨어 있다. 하느님께서 말씀하

---

[2] 구약성경 창세기 1: 27.
[3] 구약성경 출애굽기 20: 5 ; 신명기 4: 24.
[4] 구약성경 신명기 6: 4~5.

신다. "하늘이 땅에서 아득하듯 나의 길은 너희 길보다 높다. 나의 생각은 너희 생각보다 높다. 하늘에서 쏟아지는 비, 내리는 눈이 하늘로 되돌아가지 아니하고 땅을 흠뻑 적시어 싹이 돋아 자라게 하며 씨 뿌린 사람에게 씨앗과 먹을 양식을 주듯이, 내 입에서 나가는 말로 그 받은 사명을 이루어 나의 뜻을 성취하지 아니하고는 그냥 나에게로 돌아오지는 않는다."[5]

언젠가는 나와 내 가족에 대한 하느님의 생각과 계획이 내려다본 자수처럼 분명하게 드러나는 날이 올 것이다. "지금은 거울에 비추어 보듯이 희미하게 보이지만 그때에 가서는 얼굴을 맞대고 볼 것입니다. 지금은 내가 불완전하게 알뿐이지만 그때에 가서는 하느님께서 나를 아시듯이 나도 완전하게 알게 될 것입니다."[6]

---

[5] 구약성경 이사야 55: 8~11.
[6] 신약성경 고린도 1서 13: 11~12.

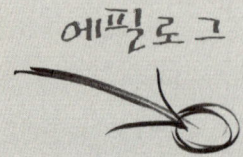

필자는 보잘것없는 이 작은 책이 임시정부를 도운 경향각지의 지주들의 항일행적을 발굴하는 사회운동의 효시가 되기 바랄 뿐입니다. 임시정부를 도운 지주들의 후손들은 대부분 생활고에 시달리고 있어 선조의 항일행적을 발굴할 여력이 없습니다. 이러한 사회운동이 가진 자들의 사회적 책임을 촉구하여 우리 사회에 온기를 불어넣어줄 것입니다.

저 자   박훈탁

1984. 2. 서울대 졸업
1986. 2. 서울대 대학원 외교학과 석사과정 수료
1989. 8. 미, University of Georgia, 정치학 석사학위 취득
1993. 3. 미, Univeristy of Georgia, 정치학 박사학위 취득
1996~1998. 세종연구소 근무
1999. 건국대, 경희대, 국민대, 성신여대 강사
2000. 3~현재. 위덕대학교 교수